小学校「特別の教科 道徳」の授業プランと評価の文例

低学年

道徳ノートと通知表所見はこう書く

日本道徳教育方法学会 会長 渡邉 満 編著

時事通信社

はじめに

　「特別の教科　道徳」（道徳科）が立ち上がって2年目を迎えました。2020年4月からは2年前に改訂された学習指導要領も完全実施されます。道徳も改訂版教科書となり，他の教科と歩調を合わせて，本格的に「主体的・対話的で深い学び」に取り組むことになります。

　ところが，道徳の学会や各種研修会，教員免許更新講習会等では，教科となった道徳の授業について疑問や不安の声が依然として多く聞かれます。先生方においては，この2年間，教科としての道徳の授業展開や評価の記述の在り方について，多様な理解や捉え方に戸惑いながらも，これまでの経験を基に，苦心して取り組まれてきたのではないでしょうか。

　そこで，先生方の疑問や不安にお応えするために，2019年3月に刊行し，好評を頂いた『中学校「特別の教科　道徳」の授業プランと評価の文例』に続いて，その小学校版を刊行することにしました。その際，本小学校版では，低学年，中学年そして高学年に分冊して刊行することにしました。授業プランと評価文例は，個々の内容項目ごとにお示しすることが必要だという考えもありましたし，特に，学習指導要領で求められている道徳的価値の理解に終わることなく，それを基に，子供たちが問題解決的な学習や体験的な学習に取り組み，自分のこれからの生き方を主体的により深く考える道徳授業と評価を実現するには，低学年，中学年そして高学年それぞれの発達段階への対応が欠かせないと考えたからです。

　今回の学習指導要領の改訂の特徴の1つは，小1プロブレムへの対応を踏まえて，幼稚園の教育要領，保育園の保育指針の改訂と認定こども園の教育・保育要領の策定が，これまで以上に踏み込んで小・中・高の各学校段階における「新たな学び」に連動して行われていることです。これは学びとしての言語活動が一朝一夕には実現できないことを踏まえているようにも思えます。小学校低学年では，問題解決的な学習や話し合い活動が難しいといった先生方の声を聴くことがありますが，本書では，これまで先生方が積み上げてきた低学年の道徳授業を生かしながらも，できるだけ課題を設定して子供たちが主体的に問題解決に取り組める授業と評価を提案しています。

　新学習指導要領は，新たな社会の変革「Society 5.0」を念頭に策定されていると言われていますが，私たちもこれからの社会を見通した道徳授業と評価を目指したいと考えています。

　最後になりましたが，本書の企画から編集のすべてを手際よく進めていただいた，時事通信出版局の荒井篤子さんに心から感謝の意をお示ししたいと思います。

2019年10月

編著者　　渡邉　満

目次

低学年

はじめに …………………………………………………………………… 3
本書の構成と特長 ………………………………………………………… 6

第1章 道徳の授業と評価のポイント

1　対談 「道徳」で学びの土台をつくる………………………………… 8
2　発達段階による特徴を押さえよう……………………………………18

第2章 授業の実践事例と評価文例集

内容項目A　主として自分自身に関すること

1　善悪の判断，自律，自由と責任　　（教材：おれた　ものさし）……………20
2　正直，誠実　　　　　　　　　　　（教材：金の　おの）…………………24
3　節度，節制　　　　　　　　　　　（教材：かぼちゃの　つる）…………28
4　個性の伸長　　　　　　　　　　　（教材：ありがとう，りょうたさん）………32
5　希望と勇気，努力と強い意志　　　（教材：うかんだ　うかんだ）…………36

内容項目B 主として人との関わりに関すること

- 6　親切，思いやり　　　　　　　　　(教材：はしの　うえの　おおかみ) ……40
- 7　感謝　　　　　　　　　　　　　　(教材：じぶんが　しんごうきに) ………44
- 8　礼儀　　　　　　　　　　　　　　(教材：「あいさつ」って　いいな) ……48
- 9　友情，信頼　　　　　　　　　　　(教材：二わの　ことり) ………………52

内容項目C 主として集団や社会との関わりに関すること

- 10　規則の尊重　　　　　　　　　　　(教材：きいろい　ベンチ) ……………56
- 11　公正，公平，社会正義　　　　　　(教材：みんな　いっしょ) ……………60
- 12　勤労，公共の精神　　　　　　　　(教材：いま，ぼくに　できる　こと) ……64
- 13　家族愛，家庭生活の充実　　　　　(教材：かやねずみの　おかあさん) ……68
- 14　よりよい学校生活，集団生活の充実　(教材：ひかり小学校の　じまんはね) …72
- 15　伝統と文化の尊重，国や郷土を愛する態度　(教材：ながい　ながい　つうがくろ) …76
- 16　国際理解，国際親善　　　　　　　(教材：ぼくと　シャオミン) ……………80

内容項目D 主として生命や自然，崇高なものとの関わりに関すること

- 17　生命の尊さ　　　　　　　　　　　(教材：ハムスターの　あかちゃん) ……84
- 18　自然愛護　　　　　　　　　　　　(教材：ぼくの　あさがお) ……………88
- 19　感動，畏敬の念　　　　　　　　　(教材：七つの　ほし) …………………92

※本書は小学校道徳科の教科書「新しい道徳」（東京書籍）掲載の教材を扱っています。

本書の構成と特長

　第1章「道徳の授業と評価のポイント」では，道徳科になった趣旨と教科となった道徳の授業づくり，評価の基本的な考え方等について対談形式でまとめています。また，授業を進める際に考慮しておきたい児童の「発達段階による特徴」を最後に記しました。

　第2章「授業の実践事例と評価文例集」では，小学校学習指導要領で示されている内容項目に沿って，それぞれ4ページ構成で次の視点でまとめています。

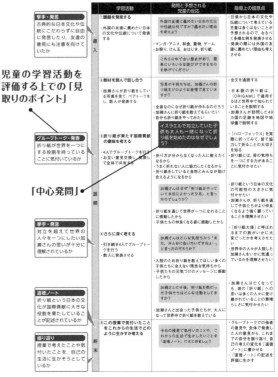

授業のねらい

　その内容項目の道徳的価値，想定される児童の実態，教材の概要と学習課題および授業のめあてを示しています。

授業づくりのポイント

　導入時の工夫やペアトークの活用など，深く考えさせるためのポイントをまとめています。

本教材の評価のポイント

　①児童の学習に関わる自己評価，②教師のための授業の振り返りの評価の2つの視点で示しています。

道徳ノートの評価文例

　児童が学習のまとめとして書く「道徳ノート」や「ワークシート」等への評価文例です。次の2つの視点で示し，「学年別漢字配当表」に従って，児童が理解できる表現で記述しています。

　児童の学びの成長を「認める視点」，さらに「励ます視点」

 通知表の評価文例として，不適切な表現例とその理由を示しています。

通知表の評価文例

　通知表の「特別の教科　道徳」の評価・所見欄への参考例です。児童の授業中の様子に注目して，特徴的な学びの姿（「成長した」「がんばった」点）を想定し，児童や保護者に分かりやすく伝わるようにまとめています。

指導要録の評価文例

　指導要録の「特別の教科　道徳」（学習状況及び道徳性に係る成長の様子）欄に記述する際の参考例です。簡潔な表現の中にも児童のよさが伝わるようにまとめています。

第1章

道徳の授業と評価のポイント

対談　渡邉　満（広島文化学園大学教授）✕　石川　庸子（埼玉県川口市立芝小学校校長）

「道徳」で学びの土台をつくる

◆「特別の教科　道徳」の「特別」の意味

――道徳科が道徳教育の要(かなめ)であるということは，具体的にどういうことですか？

渡邉　古い話になりますが，今私たちが取り組んでいる学校の「教育」と「道徳教育」は，欧米で，およそ17，18世紀ごろから盛んに論議され始めました。皆さんよくご存じのコメニウスやルソーといった人たちが取り組み始めるのですが，学校教育の基本的な形ができてくるのは，19世紀になってからです。「頭と手と心臓」（今日では，「知・徳・体」とも言います）の調和を強調したスイスのペスタロッチーの学校に世界中から参観者がやってくるのは1808年ごろです。

その後，産業や社会の仕組みも大きく変化し，また国の形も国民国家になってきますと，国民として，また市民として必要なものを育てる近代学校が登場し，いわゆる「読み・書き・そろばん（計算）」だけでなく，さまざまな知識・技能等を教授することになります。そんな中で，19世紀半ばには先の人々の考え方を受け継ぎながら，すべての子供を対象に人間としての在り方をしっかり育てることが最も重要と考えられてきます。ヘルバルトの教育的教授という教科教授と道徳教育の統合論はよく知られています。そのころから教育と言えば，先ずは道徳教育と考えられるようになります。

我が国でも，明治になって学校が創設され，「修身」という科目がありました。国の形が定まると，教育勅語に基づきながら「徳育」と呼ばれ，道徳教育が教育の中心に位置づけられてきました。戦後は修身による道徳教育の行き過ぎが反省され，道徳教育は学校の教育活動全体で行う全面主義的道徳教育が原則になり，今日まで続いているのです。

「道徳の時間」のときも「道徳科」になって

道徳と教科の学習とは親密につながり合っています

■**渡邉　満**
広島文化学園大学教授
兵庫教育大学，岡山大学を経て2016年4月より現職。
日本道徳教育方法学会・会長。

も、道徳教育は、学校の教育活動全体を通じて行うことが基本であり、道徳の時間や道徳科は、学校の教育活動全体で行う道徳教育を補充・深化・統合をするため、つまり学校で道徳の学習を進めていくときの要になるものだと学習指導要領で位置づけられているのです。ですから、道徳の時間のときから、他の教科での学習につながる学びを行っていくことが求められてきました。このことは、道徳科になっても変わらない重要な点です。道徳科での道徳の学習をしっかりと進めていくことによって、各教科・領域での学習の中にある道徳の学びの部分が、より豊かになっていくという側面もあります。

石川 私もそう思います。子供たちが道徳科の授業の最後に学習のまとめを書くことがあります。そのときに子供たちはいろいろ思いを巡らし、この1時間で獲得したもの以上のことを記述する子が結構います。以前の道徳科の授業と結びつけて書く子もいれば、社会科で学んだこととつなげて、自分の生き方について書くような子もいるのです。また、実生活と重ね合わせて書く子もいます。日常の学びやこれまでの経験につなげたり深めたり、時には難しさを再認識しながら、未来に向けての思いを記述しています。これは、今求められている「社会に開かれた教育課程」の観点からも大きな意味があると思っています。

渡邉 他の教科の学習で学んだ知識・技能や道徳的在り方を自分の生き方に生かしていくという点で、道徳科は大きな役割を果たしていくことができるということですね。ですから、道徳の学習と教科の学習とは親密につながり合っていると考えた方がいい。これが道徳教育は学校の教育活動全体を通じて行うということであり、道徳科がその要になるということなのではないかと思います。

私はさらにもう少し踏み込んで、道徳の学びが各教科や領域の学びの土台をつくるとも考えています。道徳の学びが土台をつくって、その上に教科や領域の学習が乗っかっていくというか、うまく展開していくのではないかと思っています。だから「道徳科」は「特別」なんだと……。

◆変わる「道徳」の授業

——道徳の教科化の導入前と導入後では、授業者の意識は変わりましたか？

石川 大きく変わったなと捉えています。ど

教科化によって、より「子供の学び」を真剣に考えるようになってきました

■石川　庸子
埼玉県川口市立芝小学校校長
1999年から2年間、埼玉県教育委員会からの派遣により兵庫教育大学大学院で道徳教育について研究。埼玉県知事部局青少年課兼埼玉県教育局生徒指導課を経て、2016年4月から現職。

ちらかというと，今までは主人公の気持ちを問うだけの授業が多かったように思います。でも，道徳が教科化されたのを皮切りに，「考え，議論する道徳」という方針が打ち出され，先生方がそういう道徳の授業をつくるにはどうしていったらいいのか，そしてその評価の問題も一体として，より「子供の学び」を真剣に考えるようになってきたと思います。

かつて低学年の授業でよく見かけたのが，何と答えると先生はニコッと笑ってくれるのだろうと子供たちが考え，先生の中にある何か正しいもの（道徳的価値）を子供たちが探る姿でしたし，そのような授業もありました。

でも，これからは，そういう授業ではなくて，子供同士がお互いの意見を出し合いながら，ああなんじゃないか，こうなんじゃないか，こういう考え方もあると思うんだけど，どうしてそう思うのかという根拠を明らかにしながら考えていく。そこに教師自身も一人の人間として，授業にコミットメントしながら，何かその時間で学ぶべきものをみんなで創り上げていくような，そういう学びのある時間でありたいと思います。これは，「OECD Education 2030 プロジェクト」や「持続可能な開発のための教育（ESD）」にもつながると考えています。

渡邉 例えば，「友情」にしても「思いやり」にしても，それぞれ道徳的な深さがあり，多様な側面があって，結構複雑なものだと思います。だから先生が「分かったかな，これが友情だよ」というふうには言えないものではないでしょうか。それは友情というものが抽象的に存在するのではなくて，日常生活の中で成長しながら生きている一人の人間の在り方の一つだからですね。いろいろな立場から見ていくと，それぞれ違った側面のものに思えてくる。そこで言えるのは，いろいろな場面でそれは友情と言えるか，言えないか，それはどうしてかだと思います。

——その道徳における学びと新しい学習指導要領が求める学びは，どのような関係ですか？

渡邉 道徳科ができて，学習指導要領の全体も大幅に改訂されて，その2つがつながってきたと思います。例えば，今までの道徳の授業というのは，道徳的価値があって，それをしっかりと子供たちに理解してもらう，身につけてもらうということでした。ところが，それでは子供たちの在り方は変わらないという問題にぶつかったのです。むしろ子供たちが自分の生き方や在り方を深く考え，見直すために必要な力が重要なのではないか。他のいろいろな教科でも，知識や技能を一つ一つ，基礎・基本に当たるものを確実に習得してもらう，それが授業の基本でした。一方で，「考える力」もとても大事なものじゃないかと言われてきたわけですけれども，なかなかそれが具体化していかない。そうしている間にど

学び合う仲間がいることも，学校での学びの意味です

んどん世の中が変わっていって，一つ一つの知識・技能というのは古くなっていってしまう。だから，基礎・基本は大切にしながらも，知識・技能を身につけることだけが最終目標ではないということが，一歩踏み込んで言われるようになってきたということです。

新学習指導要領では，これからの社会で子供たちに必要となる資質・能力を「生きて働く『知識・技能』」「未知の状況にも対応できる『思考力・判断力・表現力等』」，そして「学びを人生や社会に生かそうとする『学びに向かう力・人間性等』」という3つの柱で整理しています。この3つの枠組みをしっかりと先生方が押さえておくことが大切だと思います。それは結局何かと言ったら，要するに知識や技能や道徳的価値を教えるというこれまでの考え方を見直すことじゃないかと思います。

大切なことは，先生が知識や道徳的価値を学ばせていくことが，子供たちと一緒に行う授業の実質的な部分だという考え方から離れることだと思います。道徳科で言えば，道徳的な価値を学んでいくことを通して一人一人が自分をより深く振り返っていく。自分の生き方をしっかり考えることによって，そのために必要な力を獲得する。他の教科であれば，知識や技能を身につけていく学びを通して，その知識や技能をつくり出していくために必要な力を身につけていくということです。そういう学びによってそういう力が身についていくし，同時に学ぶことの楽しさ，学び続ける力みたいなものも身についてくる。これは，道徳科と他の教科・領域の学びがつながって，総合的なものである人間性が豊かに育っていくということでもあります。

他者との対話というのが，道徳の学びの本体です

石川 私は学校でそういう学びをする一番大きな意味は，「学び合う仲間がいる」ということだと思います。一人ではなかなかいろいろな考えに出合うことはできませんが，子供たち同士で学び合っていく。その中で子供たちが多様な意見に出合って，多面的・多角的に考えて，今までの自分の考えを更新していくような営みとしての学びができていきます。

ぼんやりしていた自分の考えが友達と対話することではっきりしてきたり，時には，そういうように自分は思っていたけれども，新しい考えに出合って「そうか，違ったのか」と自分の考えを更新したり……。実はそういうことが子供たち一人一人に，そして教室という社会の中で起こっているということを，もっともっと私たち教師は理解してもいいのではないかと思います。

渡邉 そうなんですよ。他者との対話というのが道徳の学びの本体なんです。その本体の学びの成果が生かされていくのが自己との対話です。

石川 そうすると，「主体的・対話的で深い学び」という，そこに直結してくる学びにな

話し合うためのルールを理解しておくことが大切です

ります。

渡邉 だから「考え、議論する道徳」となるわけです。「主体的・対話的で深い学び」というのと同じことを言っている。それがしっかり子供たちに受け止められるためには、先生方が、大事な役割を果たしていくことになります。

――そのときの教師の役割とは何ですか?

渡邉 学びの主体は子供ですよね。そのとき先生はコーディネーターとかファシリテーターとか、補助者というようになって、役割が小さくなっていくように思われますけれども、とんでもないです。逆に大きくなる。「考え、議論する」ような学習に子供たちが取り組むためには、先生が授業をきっちり整えていかないとできないのです。

例えば、シンポジウムで3人ぐらいのシンポジストが舞台に出て議論するときに、コーディネーターはそれにちょっと何か質問をするぐらいの役割だと思われるかもしれませんが、コーディネーターって難しいですよね。3通りの意見がバアッと出るわけですから、出っ放しで終わるわけにはいかないので、コーディネーターはこれらをつなげたり、対立させたりしなければいけないということです。論点整理が欠かせません。

今までの道徳の学習でちょっとまずかったのは、価値観の多様性というか、いろいろな考え方があるのだから答えはなくて、一つ一つの意見に価値があるんだみたいに受け止められていて、意見の出し合いが深まっていかないという問題があったことです。

石川 確かに、今までの道徳の授業を振り返ってみますと、どちらかというと実は発表し合い、つまり意見をそれぞれが述べて終わり……という授業になっていなかったかという、私自身の反省があります。<u>道徳科の授業は、子供たち一人一人がよりよい生き方について自分の考えを更新しながら、他者とともに、今その場で最善解や納得解を創り出していく場です。</u>そういう力を教師が子供たちのために身につけるようにしていくことが、これから求められる大事なことですね。

また、その最善解も、今日はこのクラスでの最善解ですが、明日、話し合えば、もしかしたらもっと違う新しい考えが出てくるかもしれないといった、「学び方」と言ったらいいのでしょうか、そういうことを道徳科の授業で学んでいくことも一つ大事なことなのではと思います。それはきっと、社会を変革し、未来を創り上げていくためのキー・コンピテンシーを育てることにつながると思います。

◆話し合いのルールが大切

――子供たち同士の話し合いを活発にするためには、何が大切ですか?

渡邉 一つには話し合うためのルールを理解

第1章◆道徳の授業と評価のポイント

しておくというのがあります。例えば，兵庫教育大学大学院で学ぶ現職教員院生と，その院生が勤務する学校の子供たちとが一緒に考えたものがあります。子供たちに，話し合うときに何を大切にして話し合ったら，いい話し合いができるかという課題を投げ掛けて，いろいろ出てきたアイデアを子供たちと整理して，最終的に残ったのが次の6つのルールです。

話し合いのルール
①誰も自分の意見を言うことを邪魔されてはならない。
②自分の意見は必ず理由をつけて言う。
③他の人の意見には，はっきり賛成か反対かの態度表明をする。その際，理由をはっきり言う。
④理由が納得できたら，その意見は正しいと認める。
⑤意見を変えてもよい。ただし，その理由を言う。
⑥みんなが納得できる理由を持つ意見は，みんなそれに従わなければならない。

これは奇しくもドイツの哲学者が，コミュニケーションが成り立つための前提条件として挙げたものと結果的に一致していました。私は小学校の中学年や高学年になったら，こういうルールを設定して，教室の黒板の上に掲示するなどして，どの授業の話し合いでもこのルールに則って行っていくといいと思っ

道徳科の授業は，最善解や納得解を創り出していく場でもあります

ているんです。

石川 それと，学級経営がやはり基盤だなと思います。子供同士，子供と教師の信頼関係が結ばれた学級経営のいいクラスは話し合いも活発です。先ほどのルールを，「ルールがあるから守らなくてはいけないから」というよりも，「みんながよさを発揮できて，率直に話し合えるから」と共通理解されているから，学級という社会の中でみんなの話し合いが気持ちよく回っていくという，そんな感じがしますが，どうでしょう。

渡邉 でも，どの学級も最初はばらばら。

石川 ばらばらです。でも，だんだんやっているうちに……。

渡邉 うまくなってくる。話し合いのルールに基づいてできるように取り組んでいくことによって，学級のまとまりのなさも変わってくるというか，いい関係になってくる。それと同時に話し合いも，より質の高いものなっていくということですかね。

石川 はい。学級という社会も進化する。話し合いも進化する。その中で一人一人も成長するということだと思います。まさに，Well-Being です。

◆道徳科の評価の基本

——道徳科の評価は何のためにあるのですか？

渡邉 学習指導要領が改訂されて，「主体的・対話的で深い学び」ということが重要視されるようになりました。それは評価の側面から言うと，「指導と評価の一体化」という原則の重視でもあると思います。学びの評価，学びの在り方を評価していく。学びは教師の指

13

導によって子供たちが展開していくものですが，その学びが教師の指導の在り方へ反映されていくという，いわゆるPDCAサイクルです。そういう一つの評価の在り方が，確立されようとしていると言っていいかと思います。

その中で道徳科の評価は何のためにあるのかと言ったら，人間としての生き方についての子供たちの主体的な学びを促進することにあります。そして教師の指導の在り方を改善するため。つまり，子供たちが自分の学びをより主体的なものに発展させることができるように，教師は評価を行うことが求められています。教師の学びというものについての考え方，それから，その授業準備のときにつくり上げてきた，ねらいや課題設定や展開の流れ，その中で子供たちから出てくるであろう意見の予想，出てきたさまざまな意見の論点整理の観点など，こういう準備をしっかりとやっていれば，おのずと教師はその授業で子供たちの学びが深まっているか，授業の何が課題であったのか，うまくいかなかったのはどこなのかということが分かるということです。授業準備がちゃんとできていない場合には，評価もできないということではないでしょうか。

一方で，気を付けなくてはならないのは，道徳教育や道徳科では道徳性を養う，あるいはその道徳性の具体的な中身である「道徳的な判断力，心情，実践意欲と態度」を育てるということですが，それを評価の対象にするのかどうか。しかし，その部分は実際，短時間では評価ができないものです。だから，それに向けた学びの在り方を評価する，つまり

学びの姿を肯定的に評価していくのが最も重要です

学ぼうとしているその姿を肯定的に励ますように評価していくことが，道徳科の評価においてはもっとも重要な点として位置づけられています。

――道徳科の評価の難しさはどんなところにあると思いますか？　例えば，日常生活における子供たちの行動の記録と道徳科の授業における評価との違いとか。

石川　学校生活の中で子供たちの日常的な様子を見ていて，子供の姿に共感的な理解をしつつ，「この子はこんなことができるようになった」とか，「前は友達関係が希薄な傾向があったのに，最近は積極的にお友達に声を掛けて友達の輪を広げようとしている」とか，子供たち一人一人のよさを積極的に捉えていくという点では，大変似通っていると思っています。しかし，それは学校教育全体を通した子供たちの行動のよさを捉えていく方法です。でも，道徳科の評価は道徳科の時間の中での学びを捉えた評価。ここが大きく違うところだと思うので，そこはすみ分けが必要だと思います。

そしてもう一つ，難しいなと思うのは，国語，算数，理科，社会などの教科では，学習のねらいに対してどうだったかという評価になります。それに基づいて評価基準がつくら

れますので、評価基準も非常にねらいに即したものです。だからこそ、ねらいと評価が一体化してきます。ところが、道徳科は先ほど渡邉先生がおっしゃったように、「道徳性を養う」という文言で、例えば判断力を育てる、心情を育てる、意欲と態度を育てる。では、それを評価するのかというと、<u>道徳性は評価しない</u>という縛りがありますので、若干、先生方には混乱があるというのが現状です。

そこは、私どもが気を付けなければいけない二つ目のことかなと思っています。道徳性は評価できないわけですから、例えば「<u>主体的・対話的で深い学び</u>」という観点から、子供がどのような学びの姿だったのかというのを捉えて、それを認めて、励まして、よさを見ていくということが大切だと思います。

そして三つ目に難しいなと思っていることは、通知表や指導要録への書き方の問題です。道徳科の評価は「大くくりなまとまりを踏まえた評価とする」と言われていますが、通知表というのは、子供のよさや学びを子供に伝え、保護者にも伝えるという役割がありますので、分かりやすい文言で書かなければいけません。一方、指導要録の方は公簿で、しかもスペースが大変限られていますので、その中で子供のよさを表現できるような評価にしていく必要があります。

――「大くくりなまとまりを踏まえた評価」というのは、どういうものですか？

渡邉 「大くくりな評価」とは、単位時間ごとや内容項目ごとの評価ではなくて、学期や年間を通じた学びの成長の様子を見取りながら評価していくということです。ただし、子供の学びの顕著な様子の一例として、通知表の場合には教材や内容項目に触れつつ学習状況の様子を取り上げたり、指導要録の場合には、記述するスペースもあまりありませんから、多少、内容項目に触れたりして記述してよいということです。いずれも個別の内容項目の理解の度合いや道徳性を評価して記述してはいけないということが重要です。

◆大切な「道徳開き」

――授業の中で子供たちの学びの様子を見取るには、具体的にどうすればいいですか？

石川 座席表を用意して、子供の様子をチェックし、簡単なメモを書く担任がいます。それから机間指導をして、声を掛けながら、あるいは話し合いの時の記録を付けたり。板書の際、ネームプレートを活用しているので、授業後に板書を撮影して評価につなげる教員もいます。あとは、研究授業などでは、他の教員が「ここのグループの○○さんがこんないいことを言っていたんだよね」と気付いていて、子供のよさをピックアップして、担任に伝えてくださるという場面があるんですけれども、それも非常に効果的だなと、最

子供の学びの姿からよさを捉え、認め、励ましていく

近取り組んでみて思っています。教員にとりましても，子供の学びをどう見取るかを多面的・多角的に考えるよい機会ですし，子供の学びを根拠に授業改善にもつながっていきます。

それから最終的に大事なのは，子供が書きためていくポートフォリオ形式の道徳の「心のノート」です。本校は道徳教育推進教師が中心となり，「芝小　心のノート」として全校統一で取り組んでおりますが，そういうものを書きためていくことですね。運動会があったり，なかよし集会があったり，いろいろな行事がありますので，その感想なども「芝小　心のノート」に書かせていくと，道徳的な学びを加味して書く子がいます。

――「心のノート」の書き方は，子供たちにどういう場で教えるのですか？

石川　本校では年度初めに全学年で「道徳開き」をしています。道徳の授業と学び方，道徳の時間というのはこういう時間だよということを指導するんですけれども，そのときに「心のノート」に書くことも教えます。例えば，目指す人間像，どんな人間になりたいかというのを一人一人に考えてもらったりします。1年生の場合は少し時期をずらして保護者に説明をしてから，どんな人間になってほしいのか，その理由も含めて保護者と一緒に考えさせます。それで1学期が終わる少し前に，1学期の道徳科での学びを振り返って，子供たちにコメントを書いてもらうんです。

そうすると，そこに道徳の授業の振り返りや目指す人間像についてなど，さまざまなことが記されます。そしてそのノートは家庭に持って帰ってもらいます。そうすると，保護者がそれに対して子供の生き方に対しての応

子供たちは徹底的に話し合えることに，面白さを感じています

援メッセージを書いてくれます。それを今度は教師が預かって，他の記述や授業での学びの姿を捉えながら，全部加味しながら評価に生かすと，私は，これは非常に効果があるなと思っています。

渡邉　「道徳ノート」を上手に使っていくためにも，道徳での学びの在り方やノートの使い方を考える「道徳開き」が大切ですね。先ほどの話し合いのルールも，そこで確認していくとよいと思います。最近では，それをオリエンテーション・ページと名付けて，どこの会社の教科書にも用意されています。これは大事にしたいところです

道徳科の授業は，週1回，年間で34時間ないし35時間しかないので，すぐ内容項目の学習や教材を使った学習をしたいとお考えの先生もいらっしゃる。でも，<u>「メタ認知」ということで，児童生徒の学びと学びの在り方ということに焦点が置かれているのが，今の学校での学習の課題です</u>。道徳に限らず，子供たち自身が学びの在り方を学んでいくことが一つ大きな課題とされています。そうすると，自分の「道徳ノート」を上手に使うことで，その学びの在り方をしっかり学んでい

子供たち自身が学びの在り方を学んでいくことが一つ大きな課題です

くことになるだろうと思います。

◆道徳の授業が好きになるには

――教師も子供も道徳の授業が好きになるにはどうすればいいですか？

石川 子供たちの声を率直に聞いたんです。「道徳の時間は好きですか？」というアンケートを取って。そうしたら、低・中・高学年で、発達段階に特徴がありながらも、たくさん発表できるから好きだという子供たちが大勢いました。「よく考えてたくさん発表できて、友達の意見を聞けて、話し合いができて、自分の意見を聞いてくれるから」と。高学年になると、「自分の意見との違いを比べられたり、みんなで意見を言い合えたり、自分とは違う意見を出し合えたり、みんなで新しい考えを創り出していったりすることが楽しい。だから道徳の時間が好きだ」と言います。以前は、道徳が好きな理由が「お話が好き。お話が面白いから」という子もいましたが、今はお互いの意見を出し合って議論していくと学びが深まり、新たな考えに出合っていくことが楽しいんだという子供たちが、圧倒的に増えました。

楽しさの質の変化ですよね。逆に嫌いな理由というのは、これはどの教科でも共通していて、ノートに書くのが面倒くさいとか、自分の意見を言うのが恥ずかしいからというのもあります。これは道徳科に限らず、ほかの教科・領域でも共通することですけれど。

でも道徳科が好きだという子たちは、徹底的に話し合えるというか、そこへの面白さを感じているということですね。教師が思っている以上に、子供たちは学んだことを生活の中で生かそうとしているということに、私たちは驚きました。だからこそ、道徳科の時間って素敵な時間じゃないかと思うのです。

そして、そういう子供の声が返ってくると、先生方もまた一歩、道徳の授業が好きになります。これまで2年間、道徳が教科になるからと、先生方が主体的に道徳教育の研究に取り組んできて、そういうこともあるんだなというのを実感しています。この2年間の最後がこういう子供たちの声だったんです。これは先生方も好きになりますよ。道徳の授業が。

渡邉 今回、石川先生とのこの対談を通して、子供たちは道徳科の授業を実は楽しいと考えていることが分かりました。子供たちは日常当たり前のことと考えて道徳を実践しているのでしょうが、道徳科の授業で友達とじっくり学ぶことで、意外に当たり前ではなかったことに気付くようです。その際、当たり前のように受け止めていたことについて「どうしてなのだろう？」と理由や根拠を考えることが、子供たちには発見もあって面白いようです。その発見を喜ぶ姿を評価として記述できると、子供たちには何よりの励ましになると改めて思いました。

発達段階による特徴を押さえよう

小学校　低学年

◆**個人の意識や集団活動での様子**

　幼児期の特徴を残しながら，自己中心的で他律的（大人から褒められたい，あるいは怒られたくない），感性的（感情で行動する）で依存心が強く，大人に甘えたり，愛情を求めようとしたりする傾向があります。

　目の前にある具体的な物や事象に対する興味はあっても，その原因や背景を探るという抽象的な思考をするのは難しい時期です。一方で，言語能力や認識力が高まり，自然等への関心が増える時期でもあります。

　これまでの家庭や幼稚園・保育園・子ども園での遊びを中心とした生活から，規則に従った集団での学校生活に十分に慣れていない側面もあります。そのため，社会性を十分に身につけることができないまま小学校に入学すると，精神的な不安定さから，周りの児童との人間関係をうまく構築できず，集団生活になじめないという，いわゆる「小1プロブレム」という形で，学校生活に適応できにくい問題が表れることもあります。

　学級での生活に慣れていくと，友達と協力して遊んだり，勉強したりすることが少しずつ身についてきますが，2，3人の小集団であることが多く，結束力も弱いものです。したがって，教師が主体となって学級活動への参加を促す必要があります。学級内での役割を適切に与え，児童への言葉掛け（特に褒めること）が大切です。

◆**道徳科の授業で気を付けたいこと**

　善悪の判断については，権威ある大人（親や教師）から認められたり，叱責されたりすることで理解していくことが多く，自主的に判断することは難しい時期です。自分を中心に考え，物理的な大きさなどで考えてしまうため，相手の視点で考えることが課題となります。ただし，自分の言葉遣いや動作を周囲と比較する傾向も出てくるので，道徳の授業での話し合いの場では，学級全体での話し合いというよりも，下記の「道徳性の発達段階」では 第2段階 を想定して，ペア学習などを通して，対等な2人の関係の中で正しいことはどういうことかを考えていき，「自分がその場にいたら悲しいと思うから，きっと相手も悲しいだろう。だからやめよう」というように考えられるようにするとよいでしょう。

道徳性の発達段階（コールバーグの理論より）

①**慣習以前のレベル**
　第1段階　罰と服従思考（上下関係の中での相手）
　　→正しさを身近な大人に従って考える段階
　第2段階　道具主義的・相対主義的傾向（対等な関係の中での相手）
　　→自分の気持ちや利害を基準にして正しさを考える段階

②**慣習的レベル**
　第3段階　対人関係の調和思考（よい子思考，集団）
　　→規則で成り立つ集団（家族や学級）の一員であることを基準にして正しさを考える段階
　第4段階　「法と秩序」志向（規則や法）
　　→集団や規則を尊重するが従属せず，自律的に考えることができる段階

◀──────── 小・中学校での学びで達成させたいレベル ────────▶

③**慣習以後のレベル**
　第5段階　社会契約的・遵法主義志向
　第6段階　普遍的な倫理的原理志向
　　→正しさを原理的なレベルで考える高度な段階

※「慣習（convention）」とは互いがつくりだす集団や社会のこと。

第2章

授業の実践事例と評価文例集

対象学年 小学2年生

内容項目：A－1　善悪の判断，自律，自由と責任

主題名

1 よいと思うことはすすんで

教材　おれた　ものさし

授業のねらい

　よいこと正しいことを，人に左右されることなく，自分が正しいと信じることに従って行動することはとても大切である。特に価値観の多様な社会を生きる上で，よいことと悪いことの区別が的確にでき，行動できるような力を培うことは重要である。

　この時期の児童は，何事にも興味や関心をもち，深く考えずに行動してしまうことも多い。人として，してはならないことを正しく区別できる判断力を養い，よいと思ったことを進んで行おうとする態度を育てることが必要である。本教材は，強い友達の不正を一度は許してしまう「ぼく」が，折れたものさしを巡る問題では，葛藤しながらも勇気をもって不正をただすという話である。主人公の葛藤や勇気を自分と重ねながら考えさせ，ねらいに迫りたい。

授業づくりのポイント

　導入で，日常の共通体験をもとに，興味や関心があったり，友達に誘われたりすると，ついよくない行動をとってしまう，今の自分の心の弱さに気付かせるようにする。その上で，登場人物の挿絵の表情を活用しながら話し合いを深め，よくないことはよくないと，勇気をもって行動することの大切さに気付かせたい。そして，自分が正しいと思ったことを進んで行うとすがすがしい気持ちになることにも気付かせ，今の自分の道徳的見方，考え方で足りないところについてじっくり見つめさせたい。

本教材の評価のポイント

①児童の学習に関わる自己評価
　・「ぼく」の心の弱さや葛藤に自分を重ねて考えながら，正しい行動をすることの大切さに気付くことができたか。
　・毅然としてよい行動をしようとする気持ちや考えの大切さに気付くことができたか，自分を見つめることができたか。

②教師のための授業の振り返りの評価
　・強い友達の不正をただすには，このままではいけないと強く思う心が必要であることを，「ぼく」の勇気から捉えさせることができたか。

実践例

		学習活動	発問と予想される児童の反応	指導上の留意点
挙手・発言 自分の気持ちを言えたか	導入	①問題に気付く ・正しいことを正しいと言えないことがあるのはなぜか，その時の気持ちを発表する	正しいと思っても，なかなか言えない時がありますよね。どうしてでしょうか？ ・言うとけんかになるから ・反対に何か言われそうで言えない ・強い友達だと怖いから 正しいことを正しいと言うには，どんな考えや気持ちが必要かを考えましょう。	・事前にアンケートを取り，人によって言えないことがあることに気付かせる
挙手・発言 のぼるの不正に気付いた時の心の動揺に気付けたか	展開	②考える・話し合う ・「ぼく」の胸がどきっとしたのはなぜか話し合う	ひろしを見て「ぼく」の胸がどきっとしたのはなぜでしょうか？ ・ぼくの時と同じように，人のせいにしている ・ひろしがやったことにしようとしている ・のぼるはよくないことをしている。でも言えないかも ・のぼるは怖いから言いにくい。どうしよう	・葛藤しながらも，正しいことは正しいと思う気持ちを，自分との関わりで考えられるようにする
グループトーク・発言 正しいことをするために必要な気持ちや考えに気付いたか		・のぼるのところへ行って，ものさしを渡した時の気持ちをグループで話し合った後，全体で話し合う	「ぼく」がのぼるの所に行って，折れたものさしを渡すことができたのは，どんな気持ちや考えからでしょうか？ ・本当のことを言わないといけないから ・怖いからと言って，このままではいけない ・やられた人も見ている人も嫌な気持ちになるから ・ここで勇気を出さないと，ぼくみたいになる	・一人一人の児童が自分の考えを述べられるように，グループで話し合った後，全体で話し合うようにする
挙手・発言 自分の考え方について見つめることができたか		③振り返る・見つめる	今のみんなは，正しいことは正しいといつでも言おうと思っていますか？「ぼく」と比べてみましょう。 ・言える人と言えない人がいるかもしれない ・やっぱり勇気がなくて言えないこともあるかな ・間違っていることは，「ぼく」みたいに勇気を出して言いたい	・アンケートでできなかった場面を思い起こさせ，自分に足りない気持ちや考え，これからの気持ちのもち方について考えさせる
傾聴 教師の話を聞き，実践意欲をもつことができたか	終末	④生かす ・武者小路実篤の格言を読む	武者小路実篤の格言「よいと思ったことはどんな小さなことでもするがいい」を紹介します。	・掲示して一緒に読む

21

A-1 善悪の判断，自律，自由と責任

よいことと悪いこととの区別をし，よいと思うことを進んで行うこと。

評価のためのキーワード
①よいことと悪いことを区別できる判断力
②よいと思ったことを進んで行う勇気
③自分が正しいと信じることに従って行動する力
④よいことを進んで行った時のすがすがしさ

よいこと，正しいことを人に左右されることなく，自ら信じるところに従って行動できることは，人として重要なことです。よいと思ったことは，小さなことでも進んで行おうとする意欲や態度を育てることが大切ですね。

道徳ノートの評価文例

👍 よいこととわるいことをきちんと考えて行どうしようとしていることは，すばらしいことです。

📣 よいと思っても，なかなかゆうきがでないことはありますね。でもよいことをすると，とても気もちよくなります。正しいと思ったことを行どうしましょう。

● 教材「おれたものさし」の学習を通して，善悪の判断がきちんとできるようになりました。

なぜ❓NG：道徳性そのものを評価した記述となっているから。

● 善悪の判断ができ，ごまかしがあった友達にもきちんと注意することができます。

なぜ❓NG：日常の行動の様子になっているから。

通知表の評価文例

教材「おれたものさし」では，主人公の心の葛藤に自分自身を重ねて考えることで，正しい行動をするには，ごまかしをしてはいけないと強く思う心と勇気が必要であることに気付きました。自分も主人公のように，いけないことはいけないと言いたいという気持ちももつことができました。

教材「おれたものさし」では，主人公が不正を許さないという毅然とした態度がとれたのはなぜかを深く考え，正しい行動を行うよさや大切さについて理解することができました。自分をしっかり見つめ，勇気をもって正しい行動をしていきたいと意欲をもつことができました。

教材「おれたものさし」では，主人公の心の中について深く考え，友達と意見を出し合うことができました。話し合う中で，正しい行動をすることの大切さを共感的に捉えることができました。自分の中にある心の弱さにも気付くことができ，これからの自分の生き方についても考えることができました。

 ## 指導要録の評価文例

不正を許さない心があっても，行動に移すには，許せないと強く思う心と勇気が必要であることを，教材の主人公に自分を重ねながら深く考えることができた。

善悪の判断をしっかりすることの大切さについて深く考え，友達と意見交換も進んで行うことができた。自分にもなかなか行動に移せない心の弱さがあることを見つめることができた。

対象学年	内容項目：A−2　正直，誠実
小学2年生	主題名

2 しょうじきな心

教材　金の　おの

授業のねらい

　この時期の児童は，よく考えずにうそをついてしまったり，その場から逃れるためにごまかしてしまったりすることが多々見られる。見つからなければいい，叱られなければそれでいいという気持ちがあることも多い。そこで，うそを言ったりごまかしたりすると暗い心になり，いけないことをしてしまった時には，素直に認めて正直に明るい心で生活することのよさや気持ちよさに気付かせ，明るく伸び伸びと行動しようとする態度を育てたい。

　本教材は，正直者のきこりが鉄の斧を池に落とした時，神様に金や銀の斧を見せられても，ごまかさずに鉄の斧と答えると，金，銀，鉄の斧をもらえたが，それを知った仲間のきこりが，その真似をして，金の斧と答えると，神様は何も渡してくれずに黙って池に戻ってしまうという話である。正直者のきこりには，うそやごまかしをしないで正直に過ごそうとする気持ちがあること，また，友達のきこりには，自分の利益のためにうそをついてしまう心の弱さがあることに気付かせ，両者を比較しながら考えさせることによって，うそやごまかしをしないと，気持ちが晴れてすっきりすることに気付かせ，明るい心で生活しようとする態度を養いたい。

授業づくりのポイント

　この教材は，物語の登場人物に同化しながら心情を考えることにより，ねらいに迫れると思われる。役割演技を取り入れ，正直なきこりのうそやごまかしのない晴れ晴れとした気持ちと，仲間のきこりの心の弱さと後悔に気付かせ，価値に迫りたい。

本教材の評価のポイント

①児童の学習に関わる自己評価

- 登場人物の心情に自分を重ねながら考えることができたか。
- 自分の中に，ごまかそうとする心があることに気付くことができたか。

②教師のための授業の振り返りの評価

- うそやごまかしをしないと，明るく伸び伸びと生活できることに気付かせ，これからの心のもち方を考えさせることができたか。

実践例

		学習活動	発問と予想される児童の反応	指導上の留意点
挙手・発言 自分の問題意識に気付いているか	導入	①問題に気付く ・正直に言えないことがあるのはなぜか，その時の気持ちを発表する	正直に言えないことがあるのは，どうしてでしょうか？ ・怒られるから ・みんなに何か言われるから ・ばれなければいいかと思ってしまうから うそをついたり，ごまかしたりしないで生活するには，どんな考えが大切か考えましょう。	・日常の出来事を例にとり，自分の利害から正直に言えない心があることに気付かせる
挙手・発言 友達のきこりがうそをついた時の気持ちを考えられたか	展開	②考える・話し合う ・金のおのが欲しい友達のきこりの心の中を考える	友達のきこりが，金の斧を見て「それはわたしの斧です」と言ったのはなぜでしょうか？ ・わたしのですと言って，金の斧をもらいたいな ・うそをついても分からないから大丈夫 ・神様をごまかして金の斧をもらってしまおう	・誰にでもある心の弱さに気付かせる
役割演技 きこりの気持ちになって言うことができたか		・きこりになりきり，自分の言葉で言えるようにする	最初のきこりは，金や銀の斧を見せられても，「それはわたしの斧ではありません」と言ったのは，どんな考えからでしょうか？ ・金や銀も欲しいけど，自分の斧は鉄です ・本当のことを言わないといけないから言います。「それはわたしの斧ではありません。」 ・うそはよくないです。「わたしの斧は，鉄の斧です。」	・うそはいけないと強く思ったこと，正直に言わないといけないという考えに気付かせたい
挙手・発言 正直に言えたことのよさについて考えているか		・友達のきこりの姿を見てどんな気持ちになったかを考える	友達のきこりの姿を見て，どんな気持ちになったでしょうか？ ・やっぱりうそはよくないな ・うそは神様に分かるんだな ・うそをつかなくてよかったな	・うそをつかないことのよさに気付かせたい
挙手・発言 今の自分を見つめているか		③振り返る・見つめる	みなさんは，正直なきこりのように，うそは絶対にだめと思って生活していますか？ ・いつも絶対だめとは思ってないな ・友達には，絶対うそはだめと思っているよ ・つい，うそをつくかもしれない。強い心をもちたい	・自分の考え方を見つめさせたい
傾聴 教師の話を聞いて実践意欲をもてたか	終末	④生かす 教師の説話をする	先生が小学校時代にうそをつきそうになったけど，正直に言えた話をします。	・損をすることになっても，後でいやな思いをしないように正直に言うことですっきりすることを紹介する

25

A-2 正直，誠実

うそをついたりごまかしをしたりしないで，素直に伸び伸びと生活すること。

評価のためのキーワード
①自己の過ちを素直に認め，改めていく
②正直で伸び伸びと生活する
③うそやごまかしをすると暗い心になる
④うそやごまかしをしないで明るい心で生活する

過ちを素直に認められず，うそやごまかしをしてしまうことがありますが，それで暗い心になるよりも，正直に素直になることで，伸び伸びと明るい生活が送れますよ。

道徳ノートの評価文例

 うそやごまかしをしてしまうことで，いやな気もちになると気づきましたね。

 いけないことをしてしまったら，あやまることの大切さに気づきましたね。明るい心で楽しく生活しましょう。

通知表 NG文例

● 正直に生活することの意味が理解できました。

なぜ？NG：内容理解ではなく，大切さやよさについて気付かせたい。

● うそやごまかしをしないで生活したいと発言することができました。

なぜ？NG：決意表明は，明日からどうしますかと聞けば必ず発言する。うそやごまかしをしないで，どんな気持ちをもっていきたいかを評価したい。

通知表の評価文例

教材「金のおの」では、きこりの思いに自分を重ねながら、うそをつかないことが、明るい心で伸び伸びと生活できることに気付きました。自分を見つめ、正直なきこりのように強い心をもっていきたいと発言する姿が見られました。

教材「金のおの」の学習で、きこりの役になりきり、きこりがうそをつきたくない気持ちを真剣に考え、自分の言葉で演技することができました。正直に生活することのよさや大切さについて、しっかり考えることができました。

教材「金のおの」の話の中に自分を重ねながら、正直な態度をした時と、うそをついてごまかした時の心の違いに気付くことができました。自分をしっかり見つめ、ごまかしてしまう弱い心があったことに気付くことができました。

指導要録の評価文例

うそやごまかしをすると、暗い心になることに気付き、正直に生活することの大切さやよさを深く考えることができた。

自分の利害を考え、つい正直に行動できないことがある自分に気付き、正直に生活して明るい心になりたいという意欲をもつことができた。

対象学年 　小学1年生

内容項目：A−3　節度，節制

主題名

3 わがまましないよ

教材　かぼちゃの　つる

授業のねらい

　基本的な生活習慣を身につけることは，人間形成においてとても重要なことである。節度をもって節制を心掛けた生活をすることは，自分や他の人の気持ちよい生活を守ることにつながっている。

　この時期の児童は，自分がわがままな行動をしても，それが人に迷惑を掛けたり困らせたり，自分も困ることになることに気付かないことが多い。人の注意を素直に聞いたり，わがままをしないで，きまりを守りながら生活することの大切さに気付かせたい。

　本教材は，周囲の助言や注意を聞かずにつるを伸ばしたかぼちゃが，最後にはトラックにつるを切られてしまうという話である。かぼちゃが自分の思いばかりを通し続けることに共感しながらも，自分勝手をすると，人に迷惑を掛けることに気付き，わがままをしないで生活しようとする態度を育てたい。

授業づくりのポイント

準備するもの
・登場人物のお面やペープサート

　登場人物の気持ちに感情移入しやすい話なので，教材提示の工夫が効果的である。登場人物のお面やペープサートを用意し，つるが伸びる様子を実際に紙テープ等で実演するなどして教材を提示する。そして，児童たちに役割演技をさせながら，かぼちゃの気持ちに共感させたり，かぼちゃを批判させたりしながら，わがままをしないことのよさや大切さに気付かせ，実践意欲につなげたい。

本教材の評価のポイント

①児童の学習に関わる自己評価

　・自分の気持ちばかりを通すと，周りに迷惑を掛けるだけでなく，自分も困ることが分かったか。

　・かぼちゃのわがままは自分にも似ている所があり，自分のわがままに気付くことができたか

②教師のための授業の振り返りの評価

　・登場人物の気持ちになり，わがままをしない大切さに気付かせることができたか。

実践例

		学習活動	発問と予想される児童の反応	指導上の留意点
挙手・発言 自分の問題意識をもつことができたか	導入	①問題に気付く ・やり過ぎてしまったり、わがままを言ってしまったりするのは、どんな意識からか発表する	やり過ぎてしまったり、わがままを言ってしまったりするのは、なぜでしょうか？ ・自分がやりたいから ・自分が楽しいから ・ついやりたくなっちゃう やりすぎたり、わがままをしなかったりするには、どんな気持ちが大切かを考えてみましょう。	・写真や絵で具体的な場面を提示しながら投げ掛け、ついやり過ぎてしまう自分に気付き、学習意欲をもたせたい
挙手・発言 かぼちゃのわがままに自分を重ねて考えられたか	展開	②考える・話し合う ・かぼちゃがつるを伸ばし続ける理由を話し合う	かぼちゃが、みんなから注意されても、つるを伸ばしたのはなぜでしょうか？ ・うるさいな、ぼくの勝手だと思っているから ・つるを伸ばすと気持ちいいんだ ・少しくらい、いいじゃないか	・自分の思い通りに行動してしまうかぼちゃの気持ちを、自分と重ねながら考えさせる
役割演技 かぼちゃの後悔を自分の言葉で言うことができたか		③登場人物のお面を付けて、役割演技をする ・かぼちゃになって、みんなの言うことを聞かず、つるを切られて泣いた後の気持ちを言う	ぽろぽろ涙をこぼしたかぼちゃは、どんなことに気付いたのでしょうか？ ・みんなの言うことをよく聞いて、わがままを言わなければよかった ・どうなるのか、よく考えればよかった ・こうなるとは思わなかった	・役割演技は、かぼちゃがみんなの注意を聞かない場面で行い、つるが切られた後の言葉を自分の言葉で言わせる ・かぼちゃの後悔から、やり過ぎないためには、どんな気持ちが大切かをまとめる
挙手・発言 自分のわがままな心を見つめているか		④振り返る・見つめる	かぼちゃのように、後でやらなければよかったなあと思ったことはありますか？ ・ゲームが面白くてやり過ぎてしまう。お母さんの言うことを聞かないといけないなと思う ・おもしろいから危険な遊びをしてけがをしたことがある。自分でどうなるか考えればよかった	・後悔したことに対して、これからの考え方も語らせるようにする
傾聴 養護教諭の話を聞き、これからの自分の在り方を考えられたか	終末	⑤生かす ・養護教諭の話を聞く	保健の先生から、やり過ぎないために大切な話があります。聞いてください。	・自分の健康を考えて、規則正しい生活をすることの大切さについて話していただく

A-3 節度，節制

健康や安全に気を付け，物や金銭を大切にし，身の回りを整え，わがままをしないで，規則正しい生活をすること。

評価のためのキーワード
①よく考えて行動する
②自分をよく見つめ生活を見直す
③人の注意を素直に聞く
④自分勝手は，自分だけでなく他の人にも迷惑になる

人の注意を素直に聞いたり，わがままをしないできまりを守って生活を送ったりすることの大切さをしっかり考えることが大切ですね。

道徳ノートの評価文例

👍 わがままはじぶんがこまるだけでなく，みんなをこまらせることがわかりましたね。

📣 わがままをしたくなってしまうじぶんのことをよくみつめました。きまりのあるせいかつをするには，ちゅういをすなおにきくこともたいせつですね。

通知表 NG文例

● 教材「かぼちゃのつる」の学習を通して，わがままの意味を理解しました

なぜ❓NG：わがままの意味を理解することがねらいではない。

● 教材「かぼちゃのつる」のかぼちゃの役を上手に演じることができました。

なぜ❓NG：演じ方ではなく，演じる中でどんな考えや気持ちに気付いたかを評価したい。

通知表の評価文例

教材「かぼちゃのつる」では、かぼちゃの気持ちになって演技する中で、自分の思いばかりで生活しては周囲に迷惑を掛けてしまうことに気付きました。わがままをしないで生活することの大切さをしっかり考えることができました。

教材「かぼちゃのつる」では、わがままをしない生活が、自分にとって大切であることに気付くことができました。自分の毎日と比べて、今の自分の生活を見直そうとする意欲をもつことができました。

教材「かぼちゃのつる」の学習を通して、周囲に対する気配りや思いやりをもち、健康や安全のきまりを守ることの大切さを考えることができました。わがままをしないで規則正しい生活を送りたいと発言する姿が見られました。

指導要録の評価文例

「節度, 節制」を考える学習では、健康や安全に気を付け節度ある生活をすることの大切さに気付き、自分の生活を見直すことができた。

自分の思いのままに生活してしまうわがままは、周囲への迷惑になることに気付き、自分をしっかり見つめ、毎日の生活を見直そうとする意欲をもつことができた。

対象学年 小学2年生
内容項目：A－4 **個性の伸長**
主題名

4 自分のよさを大切に

教材 ありがとう，りょうたさん

授業のねらい

　個性の伸長は，自分のよさを生かし，さらにそれを伸ばし，自分らしさを発揮しながら調和のとれた自己を形成させていくことである。自分のよさは自分では気が付かない場合があり，自分ではよくないと思っていても，他者から指摘されてよさだと気付いたり，実感したりすることも多い。低学年の時期は，自分自身を客観的に見つめることが十分できるとは言えない。他者から褒められたり，認められたりすることで自分のよさに気付き，自信をもって積極的に行動することにつながり，さらに自分のよさを大切にしようとする意欲や態度を育むことができる。

授業づくりのポイント　　　　　　　・場面絵

　ねらいとする道徳的価値についての意識を高めるために，事前に「自分のよさと自分でよくないと思っていること」についてアンケートを取り，導入でその結果を知らせる。教材の中に組み込まれた道徳的価値を多面的・多角的にしっかり捉え，「自分のよさとそうでないところ」に視点を向けることができるようにする。そのため，中心発問では，自分のよさに気付いた時の気持ちにとらわれず，よさとそうでないところが個性だということをしっかり見つめ，考えられるように「丁寧で，ゆっくりだけど整理整頓がきちんとできているりょうた」に子供たちの目が向くようにする。またそのために補助発問も活用したい。

本教材の評価のポイント

①児童の学習に関わる自己評価

・りょうたに自我関与して，自分のよさとそうでないところに気付いているか。

・自分のよさとそうでないところに気付いて，自分の特徴や個性と考えることができているか。

②教師のための授業の振り返りの評価

・事前のアンケートは，「自分のよさ」と「自分のよくないところ」を考えることに役立ったか。

・多面的・多角的に考えるための発問を行うことができていたか。

実践例

		学習活動	発問と予想される児童の反応	指導上の留意点
挙手・発言 自分の体験を発言したり，友達の発言に興味をもって聞いている	導入	①課題を把握する ・事前アンケートの結果を知り，よさには，いろいろな面があることに気付く	アンケートの結果です。いろいろなよさとそうでないところがありますね。ところで，よくないところがあると，それはぜんぶ悪いことになるのでしょうか？ ・よくないんだから悪いに決まってる ・よくないところの方が気になるし，なくしたいと思うから では，今日はいろいろなよさについて考えてみましょう。	・ねらいとする道徳的価値への意識を高め，自分との関わりで考えようとする構えをもたせる ・特技や好きなことだけでなく，「頑張ること」「優しいこと」など，内面に関わることも，よさであることを確認する
	展開	②教材を読み，前提となる場面を理解する ・場面絵を提示する ・登場人物の名前と性格を整理する 「ゆきお」あわてんぼう，スポーツが得意 「りょうた」ゆっくり，ていねい ・両者の性格が視覚的に分かるように掲示する	ドッチボールの得意なゆきおくんの姿を見ながら，ボールから逃げているりょうたさんは，どんなことを考えていましたか？ ・ゆきおくんは，かっこいいな ・いいな。ぼくもボールを取りたいな ・どうせ，ぼくには無理だよ ・ぼくはだめだな	・登場人物の名前と性格を整理したものを掲示し，円滑に教材理解を図れるようにする ・技能や能力などを友達と比較している時の感じ方，考え方を自分との関わりで考えさせる
挙手・発言 りょうたに自我関与して，自分のよさを大切にしようとすることについて考えたか		③課題の解決に取り組む ・学級の友達のみんなや先生も，にこにこして見ていることを確認し，他者から認められた時の思いや自分自身が感じるよさについての思いなどを，自分との関わりで考えさせる	ボタンと毛糸が見つからないゆきおくんに，「ありがとう，りょうたさん」と言われて，りょうたさんは，どんなことに気が付いたのでしょうか？ ・ぼくにもよいところがあるんだな ・うれしいな ・よいところがあってよかったな ・ドッチボールは下手かもしれないけど，探し物は，得意だぞ	・自分の特徴に気付き，自分のよさと特徴を大切にしようとする時の感じ方，考え方を自分との関わりで考えさせ，価値理解を図る ・よくないと思えることが必ずしも悪い訳ではなく，自分の特徴でもあることに気付かせたい
挙手・発言 よいところと，よくないところの関係について，多面的・多角的に考えている		・よいところと，よくないところについて，多面的・多角的に考える	何をするにもゆっくりで，みんなから「りょうたさん，早くして」と言われるところは，よいところなのでしょうか？それともよくないところなのでしょうか？ ・「ゆっくり」はよくないと思っていたけど，「丁寧」なのはよいところかもしれない ・あまりゆっくりしているのは，よくないかもしれない ・「ゆっくり」もよいところと，よくないところがあると思う	
道徳ノート・ペアトーク 大切にしたい自分のよさを振り返っているか。友達の発言も聞いているか		④はじめの課題に戻って，自分自身のよさについて深く考える ・事前に隣の人同士で互いのよさをカードに書いておく。自分自身のよさを友達から伝えてもらうことで，自分のよさについて，しっかりと見つめられるようにする	それでは，もう一度自分のよいところとそうでないところを探してみましょう。隣の人にも聞いてみましょう。 ・笑顔が自分のよさです。笑顔になると，気持ちがいいからです ・上手じゃないけど，サッカーが好きなところです。上手になりたいからです ・得意じゃないけど，漢字の勉強を頑張っています。少しでも覚えたいからです	
	終末	⑤今日学んだり，発見したことを振り返る	今日分かったことや発見したことを「道徳ノート」に書きましょう。	・今日学んだことをこれからどのように生かすのかを，じっくり考えさせたい

33

A-4 個性の伸長

自分の特徴に気付くこと。

評価のためのキーワード
①自分を見つめる
②自分の長所と短所に気付く
③自分の長所を伸ばす

日ごろ、人から褒められたり、認められたりした体験を思い出して、自分のよさや友達のよさに気付き、自分や友達のそうでないところも併せて個性として受け止め、大切にしようとする心を育てたいですね。

道徳ノートの評価文例

👍 自分はそそっかしいところがあるけど、「スポーツがとくいなところ」が自分のよさだと書いていましたね。自分のよいところとそうでないところのりょう方が自分だと言えて、すてきだなと思います。

📣 自分のよさを「明るくてみんなを元気にさせるところ」と言っていましたね。△△さんの明るさは、みんなを元気にしてくれています。

- ●教材「ありがとう、りょうたさん」では自分のよさを「スポーツがとくいなところ」と書いていました。これからも、得意なスポーツを生かして、いろいろな種目に挑戦してください。

  なぜ❓NG：道徳の学習状況ではなく、単なる一般論の励ましになっているから。

通知表の評価文例

教材「ありがとう，りょうたさん」の学習では，主人公が自分のよさに気付いた時に「自分がもっと好きになった。他にもよいところがあるかもしれない」と発言していました。自分に自信をもつことや，他の人のよさにも視点を広げて考える様子が見られました。

教材「ありがとう，りょうたさん」の学習では，隣の席の友達から，楽しいところがよさだと思うと言われ，「なるほど」とうなずきながら，「明るいところを大切にしたい。みんなが楽しくなるから」と，自分のよさを見つめていました。

教材「ありがとう，りょうたさん」の学習では，自分にはよさがなく自信を失っているときの気持ちや，自分のよさに気付いたときの気持ちなど，さまざまな面から考えることができました。

指導要録の評価文例

他の人の意見に耳を傾けて深く考えようとする姿勢が見られる。個性の伸長について考える学習では，自分自身のよさに気付き，その大切さをしっかり考えることができていた。

自分との関わりで考え，友達の話を聞いて，さらに考えを深めようとしていた。個性の伸長について考える学習でも，友達と自分のよさについて考えを深めていた。

対象学年
小学1年生

内容項目：A−5 希望と勇気，努力と強い意志

主題名

5 やるべきことをしっかりと

教材 うかんだ　うかんだ

授業のねらい

　児童が一人の人間として自立し，よりよく生きていくためには，自分自身を高めていこうとする意欲をもつことが大切である。そのためには，自分の目標をもってその達成に向けて粘り強く努力するとともに，やるべきことはしっかりとやり抜く忍耐力を養うことが求められる。

　この時期の児童は，やらなければならないことを素直に受け入れることが多いと言われる。児童は自分の力を伸ばしたい，高めたいという願いをもっている。しかし，困難や失敗に直面すると，諦めてしまう場合もある。低学年は，自分で頑張ったことを認められたり，褒められたりすることで，自分の努力を改めて感じ，達成感を味わうことができる。家族や教師の励ましや賞賛，適切な助言などの下で，自分がやるべきことをしっかりと行うことができるように指導することが大切である。自分の目標に向かって，やるべきことをしっかりと行う心情を育てるために，やり遂げたときの喜びやよさを感じることができるように指導する。

授業づくりのポイント

　中心発問では，やり遂げたときの喜びやよさを自分事として考えることができるように，「ぼく」役と「先生」役で役割演技を行う。「ぼく」の「うかんだ，うかんだ。」から始めて，その後「先生」はどんなことを言うか想像して即興で演技をする。演技をした後，どんな気持ちだったかを聞き，やり遂げたときの気持ちを考える。さらに，見ている児童は「周りの子供」役になり，そのときの気持ちを一緒に考える。

本教材の評価のポイント

①児童の学習に関わる自己評価

・主人公の「ぼく」に自我関与して，やるべきことをしっかりと行い，やり遂げたときの喜びやよさを考えていたか。

・友達の考えを聞き，多面的な考えに気付こうとしていたか。

②教師のための授業の振り返りの評価

・自分の目標に向かって，やり遂げることのよさについて考えさせることができたか。

・児童の意見を聞いて板書し，児童が多面的な考えに気付くことができたか。

実践例

		学習活動	発問と予想される児童の反応	指導上の留意点
挙手・発言 自分のことについて想起し，自分との関わりで考えていたか	導入	①ねらいとする道徳的価値への問題意識を高める	もっとできるようになりたいことはどんなことですか？ ・字をきれいに書けるようになりたい ・上手にサッカーができるようになりたい	・ねらいとする道徳的価値への問題意識を高め，自分との関わりで考えようとする構えをもたせるために，今自分が頑張っていることについて想起させる
挙手・発言 主人公の「ぼく」に自我関与して，やるべきことをしっかり行い，やり遂げたときの喜びやよさを考えていたか	展開	②教材「うかんだうかんだ」を読んで話し合う	プールに首までしか入れなかった時，「ぼく」はどんな気持ちだったでしょうか？ ・くやしいな ・もうプールに入りたくないな ・顔まで入りたいな お風呂でもぐる練習をしているとき，どんな気持ちだったでしょうか？ ・練習すれば，きっとできる（希望） ・苦しかったけど，だんだんできるようになってきた（努力） ・みんなと一緒に泳げるようになりたい（希望） ・先生は褒めてくれるかな（希望） ・ぼくにできるのかな（不安） ・練習大変だな（不安）	・うまくできない「ぼく」に自我関与させ，やろうとしてもなかなかできないときの気持ちを考えさせる ・目標に向かって努力している「ぼく」に自我関与させ，自分のこととして考えさせる ・不安と期待で葛藤する気持ちを考えさせる
挙手・発言 友達の考えを聞き，多面的な考えに気付こうとしていたか				
役割演技 やるべきことをしっかりやり，頑張った自分を振り返っていたか		③ペアで役割演技を行う ・児童2人で難しい場合は教師と児童で役割演技を行ってもよい	「うかんだ，うかんだ。」と言った時，どんな気持ちだったでしょうか？ ・やった。できた ・練習してよかった ・できると気持ちがいいな ・次も頑張りたいな ・できて気持ちがいいな	・やり遂げたときの気持ちを自分との関わりで考えさせる ・自分事として考えることができるように役割演技を行う ・役割演技を行い，その時の気持ちを考えさせる
		④自分の生活を振り返る	頑張ってできるようになったことはありますか？　その時どんな気持ちでしたか？	・「道徳ノート」を活用し，自己を見つめさせる。自分との関わりで，希望と勇気，努力と強い意志について振り返っている学習状況を把握する
傾聴 教師の話を聞き，実践意欲をもつことができたか	終末	⑤教師の説話を聞く	・教師が今努力していることを話す。なかなか上達しないが，周りの人に支えられながら，目標に向かって努力していることを話す	・教師の希望と勇気，努力と強い意志に関わる説話をする

37

A-5 希望と勇気, 努力と強い意志

自分のやるべき勉強や仕事をしっかりと行うこと。

評価のためのキーワード
①自分事として考える
②多面的・多角的に考える
③やるべきことをしっかりと行う
④やり遂げたときの喜びやよさを考える

自分で頑張ったことを認められたり褒められたりすることで、達成感を味わうことができます。家族や教師の励ましや賞賛、助言などの下に、自分がやるべきことをしっかりと行おうと意欲的になるように指導したいですね。

道徳ノートの評価文例

 なかなかうまくいかなかったけれど, いっしょうけんめいにれんしゅうして, できるようになったことを, おもいだしましたね。

 できるようになったら, うれしい気もちになることに気がつきました。

- 「希望と勇気, 努力と強い意志」について、やるべきことをしっかりやろうとする心情が育ってきました。

  なぜ？NG：児童の道徳性を評価することはできないから。

- 「希望と勇気, 努力と強い意志」について考え、次の日から目標に向かって努力する様子が見られました。

  なぜ？NG：行動を評価するのではなく、内面的資質を育てる。

通知表の評価文例

「希望と勇気，努力と強い意志」の学習では，自分の経験を振り返りながら，目標を達成することのよさについて考えていました。

「希望と勇気，努力と強い意志」の学習では，努力することの大切さについては分かっていても，困難があると諦めてしまう自分について考えていました。それを乗り越えるよさを多面的に考えるなど，自分の考えを広げていました。

「希望と勇気，努力と強い意志」の学習では，努力をして，目標を達成すると自分もよい気持ちになるし，応援してくれた人もよい気持ちになるということを考え，その自分の考えを友達に伝えていました。

指導要録の評価文例

「希望と勇気，努力と強い意志」の学習では，友達の考えをよく聞き，自分の考えを広げていた。

目標に向かって努力している時，うまくいかないこともあるということを考え，努力することの難しさについて考えていた。

対象学年 小学1年生

内容項目：B－6　親切，思いやり

主題名

6 あたたかい心で親切に

教材 はしの　うえの　おおかみ

 授業のねらい

　思いやりとは，相手の気持ちや立場を自分のことに置き換えて推し量り，相手に対してよかれと思う気持ちを相手に向けることである。

　この段階においては，幼い人や高齢者，友達など身近にいる人に広く目を向けて，温かい心で接し，親切にすることの大切さについて考えを深められるようにすることが必要である。そして，身近にいるさまざまな人々との触れ合いの中で，相手のことを考え，優しく接することができるようにすることが求められる。また，その結果として相手の喜びを自分の喜びとして受け入れられるようにし，具体的に親切な行為ができるようにすることが大切である。

　本教材は，一本橋の上で，次々に渡ってくる自分より小さい動物たちに意地悪をしていたおおかみが，大きなくまに優しく橋を渡してもらい，自分の行動を反省し，親切にしようとするという話である。意地悪をするおおかみの気持ちや思いにも共感させた上で，親切にされた時の気持ちを捉えさせることを通して，親切にすることの大切さに気付かせたい。

 授業づくりのポイント　　
準備するもの ・場面絵

　この教材は，登場人物に同化しながら心情を考えることにより，ねらいに迫ることができると考える。役割演技を取り入れ，自分の思いをおおかみの言葉として伝える場をつくる。くまの後ろ姿を見送った時のおおかみの気持ちを考えることで，それを次の発問に生かしながら，おおかみの心の変容に気付かせ，価値に迫りたい。

 本教材の評価のポイント

①児童の学習に関わる自己評価

・登場人物の心情に自分を重ねながら考えることができたか。

・おおかみに共感し，親切にすることの喜びに気付くことができたか。

②教師のための授業の振り返りの評価

・温かい心で親切にすると，相手に喜ばれ，自分もうれしくなれることに気付かせ，相手のことを考え，優しく接する親切な態度をとろうとする意欲をもたせることができたか。

実践例

		学習活動	発問と予想される児童の反応	指導上の留意点
挙手・発言 自分の体験を発言したり，友達の発言に興味をもって聞いたりしているか	導入	①問題に気付く ・困っている人に親切にできなかった経験を発表する	困っている人がいても，なかなか親切にできないのはなぜでしょうか？ ・あまり仲良しではないから ・誰かが助けてくれるかな 困っている人に親切にできるようになるには，どんな気持ちが大切か考えましょう。	・ねらいに関わる生活体験を想起して，学習への導入とする
挙手・発言 おおかみの気持ちを想像しようと考えているか	展開	②考える・話し合う ・うさぎたちを追い返している時のおおかみの気持ちを考える ・大きなくまに出会った時のおおかみの気持ちを考える	「えへん，えへん。」と言ったおおかみはどんな気持ちだったでしょうか？ ・おもしろいな，みんな弱虫だな ・おれは強いぞ，意地悪って楽しいな くまが渡ってきた時，おおかみはどう思ったでしょうか？ ・大きくてこわい。どうしよう ・大変だ，早く戻らなくちゃ	・全文を通読する ・場面ごとに挿絵を紙芝居形式にし，読みながら掲示していくことで場面の状況をしっかりつかませる ・うさぎ，きつね，たぬきの気持ちも考えさせる ・うさぎ，きつね，たぬきの気持ちと同じであることに気付かせる
挙手・発言 おおかみに共感し，ねらいとする価値について考えているか		③役割演技をする ・くまの後ろ姿をいつまでも見送るおおかみの気持ちを考える	隣の人とくまとおおかみの役になって演じてみましょう。 くまの後ろ姿をいつまでも見送りながら，おおかみはどんなことを考えていたでしょうか？ ・どうしてくまさんは，あんなに優しくて親切なんだろう ・ぼくも親切にすればよかった ・今度はくまさんのようにしたい	・役割演技を取り入れ，親切にすることの大切さに気付いたおおかみの思いを考えさせる ・大きなくまに優しくしてもらったことへの驚きや，本当の優しさに気付いたおおかみの気持ちを押さえる
挙手・発言 親切にすることのよさについて考えているか		・うさぎに優しくするおおかみの気持ちを考える	おおかみが前よりずっといい気持ちだったのはなぜでしょうか？ ・みんながうれしそうだから ・自分もくまさんのように親切にできたから	・おおかみの心の変化を感じ取らせ，親切にすることの喜びに気付かせる
挙手・発言 今の自分を見つめているか		④振り返る・見つめる	みなさんにも，おおかみのようなことはなかったですか？ ・牛乳をこぼしてしまった友達の机をふいたよ。自分もなんだかうれしかった ・隣りの人が教科書を忘れたら，自分からどうぞって見せてあげられるようになりたいな	・具体的な場面を思い出させる ・行為だけでなく，その時の気持ちも引き出すようにする
傾聴 友達の姿に共感しながら，自分のしたいこと，できそうなことを見つめているか	終末	⑤生かす ・教師の説話を聞く	みなさんのこんな姿を見ました。聞いてください。	・自分のためだけではなく，友達や周りの人のことを考えて親切にしようとしている児童の姿を紹介する

| B-6 親切, 思いやり | 身近にいる人に温かい心で接し，親切にすること。 |

評価のためのキーワード
①親切は代償を求めたり報いられることを期待したりするのではない
②限られた人だけへの親切ではなく身近な人誰にでも
③相手の立場や気持ちを気に掛けて
④親切は相手への優しい気持ちから自然に表れる行為である

身近にいる人に広く目を向け，相手の立場や気持ちをいたわり，親切にしようとする態度を育てていきたいですね。日常の活動の中で，親切にするよさや，親切にされた時の喜びをたくさん経験させておくことが大切です。

道徳ノートの評価文例

👍 こまっている人にしんせつにすると，おたがいにうれしくなれることに気づきましたね。

📣 おおかみさんやくまさんのように，こまっている人にしんせつにしたいとおもう〇〇さんをおうえんしています。

● 「親切，思いやり」についての学習では，登場人物に自分を重ねながら，親切にすることの大切さを述べていました。親切にできなかった時の経験が，大切さをより実感させたのでしょう。

なぜ❓NG：根拠のないマイナスの推測だから。

通知表の評価文例

教材の主人公に自分を重ね合わせ，自分を振り返りながら考えています。「はしのうえのおおかみ」では，前半と後半のおおかみの気持ちの違いに気付き，おおかみがくまを見送りながら思っていることを，自分の言葉でみんなに伝えることができました。

道徳科の授業で学んだことを自分の生活に生かそうとしています。教材「はしのうえのおおかみ」では，変容していくおおかみに思いを寄せ，自分も身近な人に親切にしたいという思いを強くしていきました。

道徳科の授業では，ねらいとする価値について深く考えようとしています。教材「はしのうえのおおかみ」を通して，親切にすると相手に喜ばれるだけでなく自分もうれしくなることに気付き，進んで親切にしていきたいと意欲をもつことができました。

 ## 指導要録の評価文例

学習したことをもとに，親切な行為が心を豊かにし，喜びにつながることに気付き，今までの自分の親切に対する考え方や行為を振り返って考えることができた。

日常生活の中でさまざまな人々が自分に対して温かく接してくれていることに気付き，自分も相手のことを考えて優しく接しようとする思いを強くしていくことができた。

対象学年	内容項目：B－7 感謝
小学2年生	主題名

7 ありがとうの気もち

教材 じぶんが　しんごうきに

 ## 授業のねらい

　感謝の気持ちは，人が自分のためにしてくれている事柄に気付くこと，それはどのような思いでしてくれているのかを知ることで芽生え，育まれる。感謝とは，心が動き，その心を形で表現するということである。

　家族や学校，地域社会で多くの人が自分たちのために思って支えてくれている。その人々が自分に寄せてくれた善意について考え，そのときに自分が感じた感謝の念について改めて考えることができるようにすることが大切である。

　本教材は，目の前で小さな女の子がトラックにはねられるのを見て以来25年間，毎朝交差点を渡る子供たちを守るため，交通整理をする「仲野のおじさん」の話である。子供を守ろうとする仲野さんの真摯な姿を通して，自分たちの生活を支える人の存在に目を向け，感謝の気持ちをもつとともに，その気持ちの伝え方などについても考えさせるようにしたい。

 ## 授業づくりのポイント

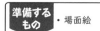
準備するもの ・場面絵

　自分がお世話になっている人は，どのように自分を支えてくれているかという具体的な事実を知ることが大切であり，日常の指導などで，家庭や学校など，身近で日ごろお世話になっている人々の存在に気付かせていくようにする。教室掲示にも，そのような方々の存在を思い起こすことができるような工夫をし，日常と教材が重なるように意図していく。そして，それらを導入や振り返りに生かす。

 ## 本教材の評価のポイント

①児童の学習に関わる自己評価

　・登場人物の姿に共感し，日ごろお世話になっている身の周りの多くの人々に感謝する気持ちをもつことができたか。

　・感謝の気持ちを伝えると，気持ちが伝わり喜んでもらえることに気付いたか。

②教師のための授業の振り返りの評価

　・行動しようとする意欲をもたせるために，人々の善意に感謝する気持ちを具体的な言葉で表すようにすることができたか。

実践例

		学習活動	発問と予想される児童の反応	指導上の留意点
導入		①問題に気付く ・お世話になっている人に感謝の気持ちを伝えることができなかった経験を発表する	お世話になっている人に，お礼の言葉や挨拶の声を掛けられないのはなぜでしょうか？ ・恥ずかしい ・いつものことだからいいかな ・何か言わないといけないのかなあ ・少し面倒だなあ ありがとうの気持ちを伝えるには，どんな気持ちをもつことが大切でしょうか？	・ねらいに関わる生活体験を想起して，学習への導入とする
展開		②考える・話し合う ・教材を読んだ感想を伝える	25年間も毎日交通整理を続けてきたおじさんをどう思いますか？ ・すごい ・こんな人がいるなんて知らなかった ・やめたいと思ったことはなかったのかなあ	・全文を通読する ・場面ごとに挿絵を掲示していくことで場面の状況をしっかりつかませる ・おじさんの信念を感じ取らせたい
		・1日も欠かさず交差点に立つおじさんの気持ちを考える	おじさんが25年間も毎日続けられたのはなぜでしょうか？ ・どうしても子供たちを守りたかったから ・街の人も大きくなった子供も声を掛けてくれるから	・自分たちのために毎朝働いていることに気付かせる ・おじさんと周りの人に心のつながりができていることを感じ取らせたい
		・自分やみんなのために働いてくれている人に対して，感謝の気持ちを表そうとする	みんなはそんなおじさんにどんなことを言いたいですか？ ・25年間もありがとうございます ・おじさんはすごい人ですね ・いつも守ってくれてありがとう ・明日からはもっと挨拶したいです	・動作化で「ありがとう」の気持ちを表現させる
		③振り返る・見つめる	みなさんは心を込めて「ありがとう」の気持ちを伝えていますか？ ・朝，いつも通学路に立ってくれているおじさんに挨拶しているよ。毎朝だから大変だと思う ・今まであまり考えたことがなかった。すごいことをしてくれていたんだと分かった。ありがとうと言いたくなった	・生活経験の中から，さまざまな形で多くの人々にお世話になっていることに気付かせる ・行為だけでなく，その時の気持ちも引き出すようにする
終末		④生かす ・ゲストティーチャーの話を聞く	みなさんがお世話になっている○○さんのお話を聞いてください。	・地域で子供たちと関わってくださっている方に，お話ししていただく

挙手・発言
自分の体験を発言したり，友達の発言に興味をもって聞いたりしているか

挙手・発言
おじさんの気持ちを想像しようと考えているか

挙手・発言
おじさんの行動に共感し，ねらいとする価値について考えているか

挙手・発言
今の自分を見つめているか

傾聴
ゲストティーチャーに共感しながら，自分のしたいこと，できそうなことを見つめているか

家族など日頃世話になっている人々に感謝すること。

評価のためのキーワード
①日ごろから，多様な人との直接的なかかわり合いの機会を多くもつ
②直接的，間接的に自分の世話をしてくれる人の存在に気付く
③感謝の表し方が形式的なものにならないようにする
④感謝の気持ちを自分の言葉で伝えようとする

家庭や校内だけでなく，地域にも広く目を向けさせることが大切です。生活科の街探検等で地域の方と触れ合う機会をつくり，お世話になっている人が身近にたくさんいるという思いをもたせたいですね。

道徳ノートの評価文例

- じぶんのまわりには，じぶんたちのことをだいじにおもってくれている人がおおぜいいることに気づくことができましたね。

- じぶんたちのことをだいじにおもってくれている人に，かんしゃの気もちをつたえたいとおもう〇〇さんをおうえんしています。

- 日ごろお世話になっている人々に感謝することの意味を理解することができました。

  なぜ？NG：理解ではなく，道徳的心情について気付かせたい。

- 「感謝」について考える授業を通して，人に感謝する心情が育ちました。

  なぜ？NG：道徳的心情が授業のみで育ったかは判断できない。

通知表の評価文例

教材「じぶんがしんごうきに」では，25年間，毎朝交差点を渡る子供たちを守るため，交通整理を続けている主人公に尊敬と感謝の思いをもち，自分を大切に見守ってくれている人に感謝の気持ちを伝えたいという思いを強くしていきました。

「じぶんがしんごうきに」の教材を通して，身近で日ごろお世話になっている人々の存在に気付き，それらの人々の善意に感謝する気持ちを具体的な言葉で表し，行動しようとする意欲をもつことができました。

道徳科の授業では，ねらいとする価値について深く考えようとしています。教材「じぶんがしんごうきに」を通して，感謝の気持ちを伝えると，気持ちが伝わって相手に喜ばれ，よりよい人間関係を築くことができることに気付くことができました。

 指導要録の評価文例

相手に尊敬と感謝の念をもつことの大切さが分かり，その気持ちを伝えると気持ちが伝わり，相手に喜んでもらえることに気付くことができた。

日常生活の中で，直接的・間接的に自分の世話をしてくれる人の存在に気付き，感謝の気持ちをもち，それを素直に表そうとする思いを強くしていくことができた。

対象学年 小学2年生

内容項目：B-8 礼儀

主題名

8 気もちのよいあいさつ

教材 「あいさつ」って いいな

授業のねらい

　礼儀は，相手に対して敬愛する気持ちを具体的に表すことである。礼儀正しい行為によって，相手も自分も気持ちよく過ごすことができる。よい人間関係をつくるためには，まず相手に気持ちのよい応対をすることが基本となる。ここでは日常生活に欠かせない基本的な挨拶などについて，具体的な体験を通して実感的に理解を深めることが重要である。

　児童はさまざまな挨拶を経験してきている。しかし挨拶が相互の心を明るくし，結びつきをより深める礼儀であることに思いを巡らせることは少ない。身近な人々と明るく接する中で，時と場に応じた挨拶があることに気付き，気持ちよく感じる挨拶を繰り返し行うことで，しっかりと身につけることができるようにしたい。

　本教材はいつも気持ちのよい挨拶をするあき子が，仲良しのかずみと口げんかをしてしまい，「ごめんね」を交わすことで仲直りをする話である。この体験を通して挨拶について考えたあき子に寄り添い，自分も相手も気持ちよくなる挨拶について考えさせたい。挨拶だけでなく，言葉遣い，動作などの礼儀正しさにも目を向けさせていきたい。

授業づくりのポイント

準備するもの ・場面絵

　普段から積極的に挨拶をしているあき子の迷いや，かずみと仲直りできた要因について，自分の考えを「道徳ノート」に書かせる。それを基にした話し合いの中で，自分の挨拶について振り返らせ実践につなげる。学習後，さまざまな友達と気持ちよい挨拶の演習を繰り返し行う。

本教材の評価のポイント

①児童の学習に関わる自己評価

・挨拶をするあき子の気持ちを考えることができたか。
・気持ちのよい挨拶をしようという気持ちをもつことができたか。
・挨拶についての自分の考えをもち，他の人に伝えることができたか。

②教師のための授業の振り返りの評価

・気持ちのよい挨拶をすることの大切さに気付かせることができたか。
・話し合いや演習を通して，実践につながる発問をすることができたか。

実践例

		学習活動	発問と予想される児童の反応	指導上の留意点
導入		①問題を把握する ・普段交わしている挨拶を想起する	いつもどんな挨拶をしていますか？ ・朝のあいさつ，おはよう ・帰りに，さようなら ・知っている人に会ったら，こんにちは ・いただきます ・おやすみなさい 今日は挨拶をする時に大切なことは何かを考えましょう。	・1日の流れの中での挨拶を想起させる
展開		②教材を読む ・登場人物，場面状況を知る	どんなお話でしょうね。誰が出てきましたか？	・場面絵を活用する
		③あき子の気持ちの変化について話し合う	うちの中や学校で挨拶をしている時，あき子さんはどんな気持ちだったでしょうか？ ・うち中の人が挨拶をしてくれてうれしい ・学校の先生にも褒められてうれしい けんかをしたかずみさんに「あきちゃん，ごめんね」と言われた時，あき子さんはどんなことを考えたでしょうか？ ・すぐに，仲直りできてよかった ・また一緒に遊べる ・私から謝ればよかった ・「ごめんね」って言われてうれしい	・すぐに仲直りができた理由について，考えさせる
		④さらに深くあき子の気持ちを考える	恥ずかしくても，迷っていてもあき子さんが大きな声で挨拶をしようと思ったのはどうしてでしょうか？ ・挨拶をすると，気持ちがいいから ・挨拶をすると，みんなと仲良くなれるから ・「挨拶は，小さな親切」だと思うから	・仲直りの経験から，改めて挨拶の大切さに気付いた主人公の気持ちを考えさせる
		⑤友達と，気持ちのよい挨拶をし合う	みんなと気持ちのよい挨拶をしてみましょう。	・教室内を動きながら，多くの友達と挨拶をさせる
終末		⑥授業の感想をまとめる	きょうの感想を「道徳ノート」にまとめましょう。	・気持ちのよい挨拶をし合う大切さについて，自分の言葉でまとめさせる

挙手・発言
普段，自分がしている挨拶を想起していたか

挙手・発言
自分の経験を想起してあき子の気持ちを考えているか

挙手・発言
あき子の気持ちの変化を考えているか

挙手・発言
挨拶するよさについて考えているか

道徳ノート・振り返り
気持ちのよい挨拶の大切さに気付いたか

B-8 礼儀

気持ちのよい挨拶，言葉遣い，動作などに心掛けて，明るく接すること。

評価のためのキーワード
①気持ちのよい挨拶について考える
②時と場に応じた挨拶について考える
③挨拶を交わし合うよさに気付く
④気持ちのよい挨拶をしていこうとする意欲をもつ

時と場に応じた，気持ちのよい挨拶や言葉遣い，動作等を心掛け，人々との結びつきを深いものにしていきたいですね。

道徳ノートの評価文例

👍 あき子さんのまよいについて，ふかく考えています。これからも気もちのよいあいさつができますね。みんなであいさつをし合いましょう。

📣 あいさつはだれとでもすることが大切なことに気づきました。けんかをしてもなかなおりができそうですね。友だちや先生にも，あいさつをしてくださいね。

通知表 NG文例

● 「礼儀」について考える学習を通して，感謝する心情が育ってきました。

なぜ❓NG：主題となる価値が「感謝」ではないから。

● 挨拶の大切さに気付き，誰に対しても気軽に挨拶しようとする心情が育ちました。

なぜ❓NG：挨拶等の礼儀は，相手に対して真心を込めて示すものだから。

通知表の評価文例

教材「『あいさつ』っていいな」の授業では、謝罪の言葉も挨拶の一つであることに気付きました。そのことから、相手の気持ちを考えて挨拶をする大切さについて発言しました。挨拶をし合う演習にも真剣に参加していました。

「道徳ノート」に自分の考えをたくさん書くようになりました。主人公の気持ちを考えたり、テーマについて自分を振り返ったりしたこともしっかり書いています。「これからは〇〇していきたい」という意欲的な言葉も表すようになりました。

友達の意見と自分の考えの同じところや違うところに気付いて発言していました。時々「それは〇〇ということですか？」と、友達に質問することもあり、友達の考えをよく聞いて考えています。話し合いの中心になっています。

指導要録の評価文例

「礼儀」の学習では、気持ちのよい挨拶が友達関係をより深めることに気付いた。学習後、毎日明るい挨拶をするようになった。

これまで挨拶を何気なくしていたことを振り返り、気持ちのよい挨拶についての感想を「道徳ノート」にまとめていた。

対象学年
小学1年生

内容項目：B-9　友情，信頼

主題名
9 友だちと仲よくなるために

教材　二わの　ことり

授業のねらい

　児童が集団生活を営む上で基盤となる人間関係の一つに，友達関係がある。友達関係は共に遊んだり学んだりすることを通して，互いに影響し合ってつくられるものである。つまり「生きる力」を育む学校生活において，良好な友達関係を築くことは重要な要素となる。

　入学前の児童は，家庭や幼稚園・保育園等において，徐々に集団の中で人と関わる時間を増やしてきている。その過程の中で友達と仲良くすることのよさを味わってきている。しかし就学後もまだ，幼児期の特性である自己中心性から抜けきれない面が表出する。ここでは自分の気持ちを基にしながら友達の気持ちを考える態度を培い，互いを認め合う友達関係の重要さに気付かせていくことが大切である。

　本教材はやまがらの誕生会に誘われながらも，うぐいすの家に行ってしまったみそさざいが，やまがらの気持ちを考えて誕生会に行き直す話である。まずみんなと一緒にうぐいすの家に行ってしまったみそさざいの心情を考えさせたい。そしてうぐいすの家でのみそさざいの葛藤と，うれしそうなやまがらを見ているみそさざいの思いから，本主題に迫っていきたい。

授業づくりのポイント

準備するもの
・写真資料
・紙芝居

　うぐいすの家での葛藤場面ではワークシートに記入した自分の考えを基に，ペアやグループで話し合わせる。また，やまがらの家での出会いの場面では，役割演技を用いて，みそさざいややまがらの気持ちに寄り添わせる。

本教材の評価のポイント

①児童の学習に関わる自己評価

・みそさざいの気持ちの変化を考えることができたか。

・自分の考えをもち，他の人に伝えることができたか。

・友達と仲良くすることについて，自分自身を振り返ることができたか。

②教師のための授業の振り返りの評価

・児童に相手の気持ちを考えて行動することの大切さに気付かせることができたか。

・グループの話し合いや役割演技を通して，児童の考えを深める発問をすることができたか。

実践例

	学習活動	発問と予想される児童の反応	指導上の留意点
導入	①問題を把握する ・誕生日会のことを思い浮かべる	誕生日にはどのようなことをしますか？ ・友達を呼んで誕生日会をする ・ケーキを食べる ・プレゼントを贈る ・楽しいことをする	・写真資料を提示し，誕生日の様子を想起させる ・家庭や家族の背景に配慮し，深入りしない
展開	②教材を読む ・登場人物，場面状況を知る ③みそさざいの気持ちの変化について話し合う	今日は，小鳥が出てくるお話です。 みそさざいはどんなことで迷ったのでしょうか？ ・うぐいすの家は明るくて近いし，うぐいすの家に行った方が楽しそうだな ・やまがらのことも気になるけれど，みんなうぐいすの家に行くからな ・たくさんの友達がいた方が楽しいだろうな	・紙芝居を活用して，教材内容を把握させる ・みそさざい，やまがら等，児童にとってなじみのない鳥は，補足をする
	④さらに深くみそさざいの気持ちを考える ・ペアやグループで話し合う	みそさざいは，どんなことを考えてうぐいすの家をこっそり抜け出したのでしょうか？ ・誕生日会に誰も来なくて，やまがらはさびしいだろうな ・ぼくが行くとやまがらは喜ぶかな ・途中で抜けたら，みんなどう思うかな ・ぼくがやまがらの家に行ったら，みんなも来るかもしれない ・やまがらもうぐいすの家に来ないかな	・うぐいすの家に来てよかったと思っていたみそさざいが，やまがらのことを思って悩む気持ちを考えさせる ・ワークシートに自分の考えをまとめた後に，ペアやグループで話し合わせる
	⑤喜ぶやまがらを見たみそさざいの気持ちを役割演技を行って考える	うれしそうなやまがらを見て，みそさざいはどう思ったでしょうか？ やまがらとみそさざいになって，考えてみましょう。 ・やっぱり来てよかったな ・さびしい気持ちにさせて，ごめんね ・お誕生日おめでとう。一緒にお祝いしたかったんだ	・やまがらとみそさざいになって，役割演技を行う ・みそさざいの気持ちになって，自分の言葉で語らせる
	⑥友達と仲良くできた時の気持ちを振り返る	友達と仲良くできた時は，どんな気持ちがしましたか？ ・一緒に遊ぼうと誘ってもらってうれしかった ・けんかした時に，自分からごめんねと言ったらいい気持ちになった	・うれしい体験を想起させ，相手の気持ちを考えて行動しようとする態度につなげる ・実践につなげるよう，励ましの言葉を添える
終末	⑦授業の感想をまとめる	今日の感想を「道徳ノート」にまとめましょう。 みんなで「友達っていいな」の歌を歌いましょう。	・友達と仲良くする大切さについて，自分の言葉でまとめさせる ・全員で歌い，温かい雰囲気で授業を終える

挙手・発言
自分の体験を想起していたか。自分との関わりで考えていたか

挙手・発言
みそさざいの迷う気持ちを，自分のこととして考えているか

グループ・発表
友達の意見を聞いて，自分の考えを発表しているか

挙手・発言
相手の気持ちを考えて行動した振り返りをしているか

道徳ノート・振り返り
友達と仲良くすることの大切さに気付いたか

B-9 友情，信頼

友達と仲よくし，助け合うこと。

評価のためのキーワード
①まわりに流される行動について考える
②相手の気持ちを考えて行動する
③友達と仲良くするよさに気付く
④友達と仲良くできた自分を振り返る

相手の気持ちを考えたり，自分だったらどうかを振り返ったりすることで，よい友達関係を育みたいですね。

道徳ノートの評価文例

👍 うぐいすのいえでみそさざいが，やまがらの気もちもかんがえたことによく気がつきましたね。友だちのよさについて，かんがえることができました。

📣 よろこぶやまがらを見たみそさざいのうれしさについてかんがえています。これからも，お友だちの気もちをかんがえながら，みんなとなかよくできますね。

- ●「友情・信頼」について考える学習を通して，人を思いやる道徳的実践力が育ってきました。

  なぜ❓NG：授業だけで実践力が育ったと判断するのは難しい。

- ●主人公の迷う気持ちを考える学習を通して，思いやりの気持ちが育ってきました。

  なぜ❓NG：本時の主題と異なっているから。

通知表の評価文例

学期初めは、教材に出てくる登場人物の気持ちについての発言がありました。後半にはそれに加えて、共感した内容やその理由、また自分に置き換えての発言が多く見られるようになりました。自分の振り返りが深くできるようになりました。

教材「二わのことり」の授業では、役割演技の中でさびしい友達の気持ちを考えて発言することができました。この学習を通して、自分のことだけでなく友達の気持ちを考えて行動することの大切さに気付くことが出来ました。

道徳の学習ではよく発言しています。教材「二わのことり」では、自分の考えを発言するだけでなく、友達の意見に耳を傾けて質問をしたり、自分の考えとの共通点や相違点に触れて発言したりすることが多くありました。

指導要録の評価文例

「友情・信頼」の学習では、相手の気持ちを考えて行動する大切さを理解し、友達と仲良く生活する意欲を高めていた。

学習を通して気付いた、友達の気持ちを考えることについて「道徳ノート」にたくさんの感想を記述していた。

対象学年 小学2年生

内容項目：C－10 規則の尊重

主題名
10 みんなで使うものを大切に

教材 きいろい　ベンチ

授業のねらい

　児童が成長することは，所属する集団や社会のさまざまな規範を身につけていくことでもある。つまり，約束やきまりを進んで守ることが出来るようにする必要がある。約束やきまりはすべての人が気持ちよく安心して生活できるために定められているものである。ここではみんなが使用する物を気持ちよく使うことができるように，きまりを守り，みんなの物を大切に使おうとする態度を育てる。

　この時期の児童は，まだ自己中心性が強く，自分勝手な行動をとることも少なくない。身の周りの公共物や公共の場所の使い方について，なぜそのようなきまりがあるのかを十分に理解しているとはいえない。ここでは，子供たちにとって身近にある約束やきまりを取り上げ，それらをしっかり守ろうとする態度を育てることが大切である。

　本教材は，2人の男の子が紙飛行機を飛ばすために公園のベンチに土足で上がり，女の子のスカートを泥だらけにしてしまう話である。スカートが汚れてしまった女の子を見て，はっとする2人の心情を考えさせたい。そして，みんなで使う物は大切しなければいけないという判断力や実践的態度を身につけさせたい。

授業づくりのポイント

準備するもの ・学級の中の日常の写真

　導入において，児童の身近にあるみんなの物の実態から問題意識を高めていく。さらに2人の男の子がはっとした場面では役割演技を取り入れ，その時の気持ちを十分に話し合わせる。

本教材の評価のポイント

①児童の学習に関わる自己評価

・スカートが汚れてしまった女の子の気持ちを考えることができたか。
・みんなの物を大切に使っていくことの意味を理解することができたか。

②教師のための授業の振り返りの評価

・きまりや約束を守ることの大切さに気付かせることができたか。
・役割演技やグループでの話し合いを通して，児童の考えを深める発問をすることができたか。

実践例

		学習活動	発問と予想される児童の反応	指導上の留意点
挙手・発言 学級の問題に気付いたか。自分との関わりで考えていたか	導入	①問題を把握する ・みんなの物の使い方の実態を知る	みんなで使う物をどのように使っているでしょうか？ ・学級文庫がぐちゃぐちゃになっている ・ボールがころがっている	・学級の日常の写真を提示し、問題意識をもたせる
	展開	②教材を読む ・登場人物，場面状況を知る	「きいろいベンチ」は誰が使うベンチですか？ ・みんなで使う物です	・ベンチがみんなで使う物であることを確認する ・紙飛行機を飛ばす場面を動作化させ、2人が夢中になっていることに気付かせる
挙手・発言 紙飛行機を飛ばしているたかしとてつおの気持ちを考えているか		③たかしとてつおの行動について考える	ベンチの上から紙飛行機を飛ばしている2人は、どんなことを考えていますか？ ・高い所からだと，よく飛んで楽しい ・もっと高い所から飛ばしたい	
挙手・発言 女の子の気持ちを考え、みんなの物の使い方について気付いたか		④迷惑を掛けた、女の子とおばあさんの気持ちをたかしとてつおになって、役割演技を行って考える	「はっとして」顔を見合わせた2人はどんなことを考えていますか？ ・女の子のスカートが汚れたのは、僕たちがベンチに乗ったからだ。悪いことをしてしまった ・座る人のことを考えてなかった。ごめんなさい ・おばあさんにまで嫌な思いをさせてしまった ・スカートの汚れは落ちるかな ・みんなの物は使う人のことを考えて使った方がいい	・女の子とおばあさんに迷惑を掛けた場面で、たかしとてつおの役割演技を行わせ、自分勝手にベンチを使っていたことや、迷惑を掛けてしまったことに気付かせる
グループトーク・発表 友達の考えをよく聞いて、自分の考えを発表しているか		⑤みんなの物の使い方について話し合う	みんなで使う物は、どのように使えばよいのでしょうか？ ・自分勝手に使わない ・次に使う人がいることを考えて使う ・みんなの物だから大切に使う ・順序よく使う ・汚したりすると、気持ちがよくない	・「道徳ノート」やワークシートに自分の考えをまとめた後で、ペアやグループで話し合う
		⑥みんなの物の写真を見る	どちらの使い方をしたいですか？ ・きちんとしている方が使いやすいからいい ・友達に迷惑を掛けないようにしたい	・導入時の写真と整頓されたみんなの物の写真を提示し、考えさせる ・実践につなげるような、励ましの言葉を添える
道徳ノート・振り返り きまりを守る大切さに気付いたか	終末	⑦授業を振り返り、感想をまとめる	今日の感想を「道徳ノート」にまとめましょう。	・きまりや約束を守る大切さについて、自分の言葉でまとめさせる

57

C-10 規則の尊重

約束やきまりを守り，みんなが使う物を大切にすること。

評価のためのキーワード
①身近にあるみんなの物の使い方の問題に気付く
②みんなで使う物のきまりを考える
③きまりや約束を守るよさに気付く
④みんなで使う物について，自分自身の使い方を振り返る

きまりや約束を守らないと，他の人にとても迷惑を掛けます。みんなで使う物はきまりを守って大切に使うと，いつまでも楽しく気持ちよく過ごすことができますね。

道徳ノートの評価文例

👍 スカートがどろだらけになった女の子の気もちを考えることができました。2人がどうすればよかったかについても，ふかく考えることができました。

💡 つい，紙ひこうきにむちゅうになってしまった2人の気もちを考えています。2人がはっとした気もちについても考えてみましょう。

 通知表 NG文例

● 公共物は規則があるから守らなければいけないことを理解できました。

なぜ❓NG：規則は人を拘束するものでなく，自他を守るためにあるから。

●「規則の尊重」についての学習を通して，規則正しい生活ができるようになりました。

なぜ❓NG：日常の行動を評価しているから。

58

通知表の評価文例

教材「きいろいベンチ」の学習では，みんなで使う物の使い方について考えることができました。みんなの物を大切に使うことで，みんなが気持ちよく生活を送れることに気付き，これからの実践への意欲を示しました。また身の周りにあるさまざまな規則にも目を向けることができました。

きまりを守らず周りの人が迷惑をしていることについて，自分の考えを発表しました。教材「きいろいベンチ」の主人公の気持ちから，自分が楽しむだけでなく，後に使う人のことを考えて行動することの大切さを意識した意見でした。

役割演技を通して教材「きいろいベンチ」の主人公の気付きに共感することができました。そこからみんなの物は次に使う人のことを考えて使うことや，自分勝手に使うことで他の人がどのような気持ちになるかなど，多面的・多角的に捉えることができました。

指導要録の評価文例

みんなの物を大切に使うことの意義を理解し，これからの生活にどのように生かしていくかについて考えている。きまりを守ろうとする意欲を高めている。

役割を演じたり友達の発言を聞いたりする中で，主人公の気持ちを深く考えた。理由を添えて自分の考えをはっきりと発表することができた。

対象学年 小学1年生　内容項目：C-11　公正，公平，社会正義

主題名
11 だれとでもなかよく

教材 みんな　いっしょ

 授業のねらい

自分の好き嫌いにとらわれず，みんなに同じように接しようとする心情を育てる。

公正・公平にすることは，誰に対しても分け隔てなく接することであり，偏った見方や考え方を避けるように努めることである。小学校低学年の時期は，相手のことを考えず，自分の思いだけの言動が多々見られる時である。そのことを踏まえ，日常の遊びの中における具体的な事例を取り上げ，自分が相手にとるべき行動について，公正・公平な視点で考えさせることで，その大切さに気付くようにしたい。

授業づくりのポイント

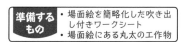
準備するもの
- 場面絵を簡略化した吹き出し付きワークシート
- 場面絵にある丸太の工作物

展開の初めでは，道徳的な気付きを大切にして，場面絵の人物の表情や状態から，自分の感じたことを発表させる。中心部分では，ワークシートの吹き出しを活用し，役割演技を通して自分の考えを表現できるようにする。中心発問では，自分の考えと友達の考えを比較させながら，どのようにすべきかを話し合わせる。

本教材の評価のポイント

①児童の学習に関わる自己評価
- 遊びの場面での周りの人の表情等から，道徳的な気付きができたか。
- 「わたしもいれて」という友達に対して，「公正・公平さ」から臨もうとする道徳的な態度ができたか。
- 公正・公平な態度がよいことと感じられたか。

②教師のための授業の振り返りの評価
- 場面絵にある人物の表情等から，多様な感じ方を発表させることができたか。
- ワークシートの吹き出しを活用し，役割演技を円滑に行うことがきたか。
- 中心発問において，多様な考えからよりよい考え方を気付かせることができたか。

実践例

		学習活動	発問と予想される児童の反応	指導上の留意点
挙手・発言 自分の遊びを発言したり、他の人の遊びに関心をもつ姿勢があるか	導入	①学校の中での遊びを発表し合う	みなさんは、学校の中でどんな遊びをしていますか？ ・縄跳びをしている ・鉄棒や運ていで遊んでいる ・ボール遊びをしている ・教室で友達と本を読んでいる ・お絵描きをしている いろいろな遊びをしていますね。では今日はこれを考えてみましょう。	・日ごろの学校での遊びを思い出させ、資料への関心をもたせる
挙手・発言 挿絵の人物の様子に気付くことができたか。友達の考えをよく聞いて、自分の考えと比較できたか	展開	②教材「みんな いっしょ」を見て話し合う ・挿絵を提示する	この絵を見て、何か気付いたことはありますか？ ・校庭でジャンケンゲームしている ・1人ずつ並んでやっている ・やらないで1人で見ている人がいる ・新しく入りたいという人がいる ・困った顔をしている人がいる ・手を上げておいでと呼んでいる子がいる	・挿絵を拡大したものを準備し、黒板に貼る ・特定の子の様子については、絵の中の人物で確認する ・同じ意見に挙手をさせる
道徳ノート 自分の考えを文字として表現できたか			やらないで1人見ている子は、どんな気持ちなのでしょうか？ ・一緒に遊びたいなあ ・何て言えばゲームに入れるのかな	・やらないで1人見ている子に着目させ、どんな気持ちか考えさせる
発表・役割演技 「公正・公平」という観点で、自分の考えを表現できたか。友達の考えを聞いて自分の気持ちをしっかりと話せたか		③木の橋の上のじゃんけんゲームの場面で、「わたしもいれて」と言われたらどのように答えるかを考え、「道徳ノート」に書く ④役割演技をしながら、自分の考えを発表する	この場面で、「わたしもいれて」という子に、何て声を掛けますか？吹き出しの中に書いてみましょう。 では「わたしもいれて」という子に何て声を掛けるか発表してください。 ・「うん、いいよ」 ・「こっちにおいでよ」 ・「入っていいよ」 ・「どうぞ、うしろにならんでね」 ・「いっしょにあそぼう」	・「わたしもいれて」という子の場面に、1人の並んでいる子の吹き出しを作り、そこに自分の考えを記入させる ・丸太の絵を準備し、左右に並んでいる人と、「わたしもいれて」の4人を1組として、役割演技をさせる ・4人は役割を入れ替えて発表させる ・1人の発表が終わるごとに、「わたしもいれて」と言う子にどんな気持ちになったのかインタビューする
発表 1人でいる子に目を向け、その思いを考えられたか			お友だちの声を聞いて、どんな気もちになりましたか？ ・うれしかった ・とても優しいと思った ・仲間に入れてよかった	
発表 「公正・公平」という観点から、多角的・多面的に考えているか		⑤仲良く遊ぶために、大切なことを考える	みんなで仲良く遊ぶときに、大切なことは何ですか？ ・「いれて」と言われたら、「いいよ」ということ ・仲間に入れてあげること ・誰にも優しくすること	
振り返り 「公正・公平」という観点で、自分の今までの振り返りができたか		⑥今までの自分を振り返り考える	これまでお友達に対して、みんな同じように声を掛けたり、優しくしたことがありますか？ ・縄跳びをしている時、みんな並んで仲良く遊んだ ・ボール遊びで、お友達を仲間に入れてあげた	・遊びをはじめ、日常の生活の中での振り返りをさせる ・公正さや公平さの観点からの振り返りに注意しながら、考えを発表させる
説話 教師の話を聞き、さまざまな場面にもあることに気付けたか	終末	⑦教師が説話する	・教師の話を聞く	・「公正・公平」の観点から、さまざまな生活場面の体験を話し、さらに考える視点を広げるようにする

C-11 公正，公平，社会正義

自分の好き嫌いにとらわれないで接すること。

評価のためのキーワード
①自分勝手な考え方や自分の好き嫌いで行動しない
②相手の気持ちを考えた行動をする
③誰に対しても公平に接する
④公平な態度は正しい行いであることを理解する

自分勝手な考えや行動をせず，みんなに対して公平な態度をとると，友達から信頼されることを考えさせたいですね。

道徳ノートの評価文例

👍 ともだちの気もちをしっかりとかんがえることができることは，すばらしいことです。だれにたいしてもおなじようにせっしようとするかんがえやたいどは，とてもよいことですね。

📢 みんなにおなじようにせっしようとおもったことは，とてもだいじなことです。これからもみんななかよく生かつしたいですね。

 ●道徳科の「みんないっしょ」の学習から，公正・公平な道徳的な態度が培われました。

なぜ❓NG：単に1時間の授業で道徳的な態度が培われるとは考えにくいため。

通知表の評価文例

学期当初は，しっかりと考えているものの自分から挙手することは見られませんでしたが，教材「みんないっしょ」の授業では，積極的に挙手をして公正・公平に接することの大切さをしっかりと発表することができました。

学期の初めから自分の意見を堂々と発言することができました。さらに後半には「公正・公平」について考える授業において，どのような態度をとるべきか，友達の考えをしっかり聞き，その違いに気付き，行動を見つめ直すことができました。

道徳科の授業には，いつも積極的に参加し，教材「みんないっしょ」の授業の役割演技の場面では，相手の気持ちを考え，公平に接することが大切であると自分の意見をしっかりと述べることができました。

指導要録の評価文例

友達の考えに耳を傾けつつ，自分の考えを発表することができている。「公正・公平」の学習では自分を見つめ直した意見を述べることができた。

授業を重ねるたびに積極的に参加できるようになった。役割演技のある授業では積極的に参加し，よりよい考えや行動について堂々と述べることができた。

対象学年 小学2年生

内容項目：C-12 勤労，公共の精神

主題名
12 役に立てるよろこび

教材 いま，ぼくに できる こと

授業のねらい

　働くことは，人間生活を成立させるための基本となるものである。みんなのために働くことの意義を理解し，集団の一員としての自分の役割を進んで果たそうとする態度を育てることが大切である。この時期の児童は，何事にも興味をもち，働くことも楽しく思っている児童も多い。そこで，自分たちが行った仕事がみんなのために役立っていることに気付かせ，学校内の当番や係活動だけでなく，家庭や社会での仕事にも，みんなのために進んで役立とうとする意欲や態度をもたせたい。

　本教材は，東日本大震災の避難生活の中で，たくさんの人が働く姿を見て「ありがとう」の気持ちがあふれたことから，自分にも何かできないかと考え，進んで毎日手伝うようになり，役に立つ喜びを知るという児童作文の実話である。みんなのために働くことは，みんなの役に立つだけでなく，みんなに喜ばれることに気付かせ，その喜びが自分の喜びになることを知り，進んで働こうとする態度を育てたい。

授業づくりのポイント

　事前に，家での仕事や学校での当番等の仕事をどんな気持ちで頑張っているかを振り返っておく。仕事が楽しい，褒められてうれしいという気持ちが強いと思われる。導入で楽しいから，褒められるからだけで働いてよいのかと投げ掛けておき，主人公が，避難所でお手伝いをしようと考えたのはなぜかを深く考えさせることで，みんなの役に立って，みんなに喜んで欲しいという気持ちがあったことに気付かせたい。

本教材の評価のポイント

①**児童の学習に関わる自己評価**

　働くことは自分の満足だけではなく，みんなの役に立っていることだと考えられたか。

②**教師のための授業の振り返りの評価**

　働くことの意義を考えさせ，進んで働こうとする意欲をもたせることができたか。

実践例

		学習活動	発問と予想される児童の反応	指導上の留意点
挙手 仕事がんばり週間でのチェックシートを見ながら発表する	導入	①問題に気付く ・今の自分の当番や係の仕事の取り組み方について見つめ、その時の気持ちを発表する	当番や係の仕事を一生懸命やる時とやらない時があるのはなぜでしょうか？ ・面倒くさい時はやりたくない ・疲れるといやだなあと思う ・先生に褒められると一生懸命やる いつでも仕事を進んでやるには、どんな気持ちが大切かを考えましょう。	・仕事がんばり週間を設け、事前に仕事に対する自分の取り組み方について見つめさせておく
挙手・発言 みんなのために働く人々に対して、どんな気持ちをもつか考える	展開	②教材を読んで考える・話し合う ・避難所で働く人に対してどんな気持ちになったかを考える	「ぼく」が、がれきを片付けてくれた人や水を運んでくれた人、先生や友達に対して「ありがとうのきもちがあふれそうなくらいいっぱいになった」のはなぜでしょうか？ ・ぼくたちのためにありがとう ・すごく大変な仕事をたくさんしていてすごいな ・みんなのおかげでぼくたちは幸せだ	・教材を範読する ・自分たちのために働いている人にありがたい気持ちがあることに気付かせる
挙手・発言 みんなのために働くのは役に立つ、喜ばれることだと考えられたか		・避難所のお手伝いをすることに決めた訳を話し合う	春休みの宿題に避難生活を送る人のお手伝いをすることに決めたのは、どんなことを思ったからでしょうか？ ・「ありがとう」と言われる宿題は、みんなの役に立つことかなと思ったから ・避難所で、「ぼく」にも何かできることで、「ありがとう」と言われたいと思ったから	・みんなの役に立つこと、みんなに喜ばれることをしたいという気持ちに気付かせ、ねらいに迫る
挙手・発言 働くことは役に立つうれしさがあることに気付けたか		・みんなのために働いている時の気持ちを考える	「ぼく」は、避難所でどんな気持ちでお手伝いをしているのでしょうか？ ・みんなに喜んでもらえてうれしい ・ぼくもみんなの役に立っているのかな ・大きくなっても、みんなの役に立つ仕事をしたいな	・役に立つと喜ばれるだけでなく、自分もうれしくなることに気付かせる
挙手・発言 働いている時の気持ちについて、見つめることができたか		③振り返る・見つめる	みんなは、どんな気持ちで仕事をしているかな。「ぼく」と比べてみましょう。 ・私は、みんなに喜んでもらえるとか考えていなかったかもしれない。みんなのために働きたいな ・楽しいと思って仕事をしていた。みんなのことを考えたい	・自分の仕事に対する考え方を見つめさせる
学習の振り返り 自分の考えの変化に気付いているか	終末	④生かす ・今日の学習を振り返り、気付いたことを「道徳ノート」に書く	今日の学習で気付いたことを「道徳ノート」に書きましょう。	・今日の学習で自分の考えが変化したことに気付かせる

65

C-12 勤労，公共の精神

働くことのよさを知り，みんなのために働くこと。

評価のためのキーワード
①働くことのよさや大切さ
②みんなの役に立つことの喜び
③進んでみんなのために働く
④集団の一員として働くことの喜び

働くことの意義や大切さを知り，みんなの役に立つ，みんなに喜んでもらえると思って働くことが大切です。働く喜びを感じてこそ進んで働く意欲がもてます。

道徳ノートの評価文例

 当番やかかりのしごとは，みんなのためにと考えることがたいせつだと気づきましたね。

 毎日きめられたしごとをきちんとしようと思っていますね。みんながよろこんでくれるしごとをすすんで見つけるともっといいですね。

通知表 NG 文例

● 仕事の大切さをしっかり理解することができました。

　なぜ❓NG：仕事をすることの意味ではなく，働くことのよさや意欲がもてたかを評価したい。

● 震災の時の大変さが分かり，主人公の心に寄り添うことができました。

　なぜ❓NG：教材の理解ではなく，ねらいについての理解や考えを書くようにする。

通知表の評価文例

教材「いま，ぼくにできること」では，自分にできることを見つけ，進んでお手伝いをすることが楽しくなった主人公の気持ちに共感し，みんなの役に立つ仕事をするととてもうれしい気持ちになることに気付きました。自分も進んで働きたいと意欲をもつことができました。

教材「いま，ぼくにできること」では，自分の日常の仕事に対する気持ちと，主人公のお手伝いをしているときの気持ちとを比べて考えることができました。みんなの役に立つ喜びに気付き，これからの自分の働き方についても考えることができました。

教材「いま，ぼくにできること」では，主人公がどんな気持ちから避難所のお手伝いをしようと思ったか，友達と意見交換しながら，深く考えることができました。みんなのために働くことの大切さやよさについても気付くことができました。

指導要録の評価文例

勤労の学習では，楽しいことと思っていた仕事が，みんなの役に立ち，みんなに喜んでもらっていることに気付き，みんなのために働きたいと意欲をもった。

勤労の学習では，みんなのために働くことの大切さやよさについて深く考えることができ，主人公のように進んでみんなの役に立ちたいと意欲をもつことができた。

対象学年 **小学1年生**

内容項目：C-13 **家族愛，家庭生活の充実**

主題名
13 かぞくっていいな

教材 **かやねずみの　おかあさん**

● 授業のねらい

　家族の優しい心遣いや努力に感謝し，敬愛の念をもとうとする心情を育てる。低学年の段階では，自分も家族の一員であることは分かっていても，家族から守られ，日々の生活において支えられていることが多く，自分から家族のために関わることは少ない。そこで，まずは，家族の自分への思いを感じさせ，自分を大切にしてくれることに感謝し，家族の一員としてどう関わるかを考えるきっかけとさせていきたい。

● 授業づくりのポイント

　導入では，それぞれが自分の家族について自由に発言させる。展開では，14枚の場面絵を作成し，紙芝居として活用し，内容を楽しく理解できるよう工夫する。中心部分では，ワークシートの吹き出しを活用し，お母さんの心配する思いと，安全が確認できた時の気持ちを捉えさせ，家族を思う優しい気持ちに気付かせる。後半では，自分の家族の思いを考えさせる。

● 本教材の評価のポイント

準備するもの
- 場面絵を活用した紙芝居
- 吹き出し付きワークシート

①児童の学習に関わる自己評価
・自分の家族を想起することにより，家族への関心が高まったか。
・母ねずみが子ねずみを助ける行為から，母親の思いを察することができたか。
・自分の家族に視点を変え，家族が自分を大切にし，愛情をもって接してくれていることに気付くことができたか。

②教師のための授業の振り返りの評価
・紙芝居を活用することによって，教材への関心や家族への関心を高めることができたか。
・多様な感じ方を発表させることができたか。
・ワークシートの吹き出しを活用し，自分の考えを表現することができたか。
・中心発問において，母ねずみの自分を犠牲にしようとする行為の理由について，多様な考えを引き出すことができたか。

実践例

		学習活動	発問と予想される児童の反応	指導上の留意点
挙手・発言 家族について発言したり，友達の考えをしっかり聞くことができたか	導入	①話し合う問題に気付く ・家族とはどういう人か発表する	家族とはどういう人ですか？ ・おとうさんやおかあさん ・おにいちゃんやおねえちゃん ・弟や妹　・おじいちゃんやおばあちゃん 今日は家族について，かやねずみさんの家族についてのお話です。	・一人一人家族構成が違うので自由に発表させる
挙手・発言 教材に登場する動物に関心をもっているか	展開	②教材を見て，話し合う ・教材を紙芝居にして提示し，内容を理解させる	どんな動物が出てきたでしょうか？ ・かやねずみ ・おかあさんねずみ ・子ねずみ ・トガリねずみのトロリ ・キツネ	・14枚の紙芝居として作り直し，児童に提示し，読み上げる。 ・登場した動物を確認する
挙手・発言 逃げる時の気持ちに自分を重ねて発言しているか		③場面絵5を見て，キツネが現れた時の気持ちを考える	キツネが出てきて，逃げる時，どんな気持ちだったでしょうか？ ・怖いよう。早く逃げなきゃ ・食べられちゃうよ ・巣穴に戻れるかなあ	・場面絵5（キツネが現れた場面）を提示し，キツネから逃げる時の母ねずみと子ねずみの怖い気持ちを捉えさせる
ワークシート・発言 子ねずみを助けようとする母ねずみの思いを多面的・多角的に考え，自分の言葉で表現することができたか		④場面絵8を見て，母ねずみの気持ちをワークシートに書いて話し合う	おかあさんねずみが「こっちよ　こっち　わたしのにおいを　おいかけて」と言っていますが，なぜそんなことを言ったのでしょうか？ ・キツネが自分の方に来るようにした ・子ねずみが食べられないようにするため ・自分がつかまっても子ねずみが助かればいい おかあさんねずみは怖くなかったのでしょうか？ ・怖かったと思う ・でも子ねずみを助けたかったから我慢した ・子ねずみが食べられたら困る	・場面絵8（母ねずみが自分を追いかけさせる場面）を提示し，母ねずみがはっぱににおいをつけて子ねずみを助ける気持ちをワークシートに書かせ，その思いをつかませる ・母ねずみの子を思う気持ちを考えさせ，母親の愛情を感じさせる
挙手・発言 子ねずみの思いも，母ねずみの思いも同じであることに気付くことができたか		⑤場面絵13を見て，子ねずみと母ねずみの思いを考える	おかあさんねずみのいる穴を5匹の子ねずみがのぞいていました。どんな気持ちだったのでしょうか？ ・おかあさんが助かってよかった ・食べられなくてよかった ・大丈夫かな。けがはないのかな ・どうやっておかあさんを助けよう おかあさんねずみは穴をのぞいた子ねずみを見てどう思ったでしょうか？ ・みんな助かってよかった ・全員元気でよかった	・場面絵13（母ねずみの穴を5匹の子ねずみがのぞいている場面）を提示して，穴をのぞいている子ねずみが母ねずみを心配する気持ちを捉えさせ，親子の同じ思いを感じさせる ・母ねずみが安心する思いを考えさせる
挙手・発言 自分の家族に視点を変えて，家族が自分を大切にしていることに気付けたか		⑥自分の家族について話し合う	みなさんの家の人が心配したり，叱ったりするのはなぜでしょうか？ ・いけないことはだめだと教えてくれている ・大切に思ってくれているから	・自分の家族も自分のことを大切にして，心配していることに気付かせる
道徳ノート 家族に対して感謝の気持ちを表現することができたか	終末	⑦「道徳ノート」に家族への思いを書く	おとうさん，おかあさんに自分の気持ちを書きましょう。 ・いつも帰りに待ってくれていてありがとう ・洗濯や掃除をしてくれてありがとう ・いつも心配してくれてありがとう	・家族への思いとして，父母への感謝の気持ちを，具体的なことを挙げさせ自分の言葉で表現させ，感謝の気持ちを培う

69

C-13 家族愛，家庭生活の充実

父母，祖父母を敬愛し，進んで家の手伝いなどをして，家族の役に立つこと。

評価のためのキーワード
①自分を大切にしてくれる人がいることが分かる
②家族の人は，互いに助けたり，支え合っていることが分かる
③家族への感謝の気持ちや思いやりの気持ちをもつ
④家族の一員として思いやりのある態度で接する

自分の周りには，自分をいつも心配し，支えてくれる家族の存在があることに目を向けさせることが大切です。いつも自分を見守ってくれる家族に感謝の気持ちをもたせ，自分も家族に対して思いやりのある態度で臨むことを考えさせたいですね。

道徳ノートの評価文例

👍 おとうさん，おかあさんがじぶんをいつもしんぱいしたり，はげましてくれていることに気づいたことは，とてもすばらしいことですね。

📣 かぞくの人に，こんどはお手つだいするねといえたことはすばらしいことですね。がんばっていろいろなことをお手つだいしてくださいね。

- 「かやねずみのおかあさん」の学習から，よく話し合い，家族愛についてしっかりと理解することができました。

なぜ❓NG：単に1時間の授業で家族愛を理解したと判断するものではないから。

通知表の評価文例

授業ではいつも主人公の気持ちをしっかり考えようと努めていました。特に教材「かやねずみのおかあさん」では，母ねずみが子ねずみを心配している気持ちに気付き，お母さんに感謝する気持ちが高まりました。

登場人物の言動を自分の生活に重ねて考えることができます。特に教材「かやねずみのおかあさん」では，母ねずみと子ねずみが互いに心配する気持ちを酌みとり，自分の家族が心配する気持ちを感じることかできました。

友達の意見に耳を傾け，自分の考えと比べています。教材「かやねずみのおかあさん」では，「お母さんねずみだけでなく，子ねずみもお母さんを心配しているよ」と友達と違う視点での発言が見られ，深く考えることができました。

指導要録の評価文例

登場人物の言動から心の思いを考えることができている。家族を大切にし，お手伝いしようと発言するなど，主体的に取り組む姿が見られた。

話し合いに積極的に参加し，自分の考えを表現することができている。家族への感謝の気持ちをしっかり表現するなど，家族や周りの人への思いをしっかりと伝えることができた。

対象学年 小学2年生
内容項目：C-14　よりよい学校生活，集団生活の充実

主題名
14 楽しい学校　大好き
教材　ひかり小学校の　じまんはね

授業のねらい

学校の人々を敬愛し，学校や学級での生活を楽しくしようとする心情を育てる。

学校や学級は，児童にとって多くの時間を過ごす大切な場所である。2年生になり視野が広がり学校全体の様子が分かってくる時期に，学校のよさや自慢したいところを自覚させることにより，学校や学校の人々を敬愛し，学校への親しみや楽しく生活しようとする心情を育てていきたい。

授業づくりのポイント

準備するもの
・くすの木の大きな絵
・校長先生の等身大の絵
・事前のアンケート結果の表

自分の学校のよいところについて，事前にアンケートを取っておく。導入では，自校のよいところを自由に発言させ，アンケート結果とも比較する。展開前半では，ひかり小学校の校長先生の話を聞いたけんたの思いを考えさせ，中心部分では，自分の学校に視点を変え，学校の自慢できることを見つけ，その理由も考える活動から，学校全体に視野を広げ，学校や学校の人々を敬愛する心を培う。終末では，ゲストティーチャーとして校長先生に参加していただき，校長先生の学校自慢とみんなへの願いの話を聞かせ，よりよい学校生活を送るための意識を高める。

本教材の評価のポイント

①児童の学習に関わる自己評価

・自分の学校全体に視野を広げ，そのよさ（自慢できるところ）に気付けたか。
・自分の学校の自慢できるところを理由も考えながら発言することができたか。
・校長先生の話を聞いて，学校や学級でのよりよい生活を送ろうとする意識が高まったか。

②教師のための授業の振り返りの評価

・アンケート結果等から，さまざまな視点で自校のよさがあることに気付かせられたか。
・自慢できるところをその理由も含めて，子供たちに発表させることができたか。
・校長先生の話から，学校や学級でのよりよい生活を送ろうとする意欲や態度に発展させることができたか。

実践例

		学習活動	発問と予想される児童の反応	指導上の留意点
導入		①自分たちの学校のよいところを考える ・学校のよいところを発表する ・事前のアンケート結果を見る	自分たちの学校のどんなところがよいですか？ ・校庭が広いところ ・鉄棒など遊び場がたくさんあること ・体育館が大きい ・給食がおいしい ・先生や友達が優しい	・自分たちの生活の場である学校を思い起こさせ，よいところを発言させる ・その後，事前に取っていたアンケート結果を提示し，教材への意識を高める
展開		②教材を読んで，話し合う ③思いつかないけんたさんについて考える	けんたさんが学校の自慢に気付かなかったのは，どうしてでしょうか？ ・あまり考えていなかったから ・急に言われたから ・自慢になるところがないから	・教材「ひかり小学校のじまんはね」を範読する ・大きなくすの木の絵と校長先生の絵を用意し，臨場感をもたせる ・自分の学校自慢が思いつかなかったけんたさんたちの気持ちに共感させる
		④学校の自慢を校長先生から聞いた，けんたさんたちの思いを話し合う	校長先生から学校の自慢を聞いて，けんたさんたちはどう思ったのでしょうか？ ・大事にしてきた大きなくすの木も確かに自慢だね ・校長先生はうれしそうに言ってたね ・気付かなかったけど，大きな木も自慢だね ・もっといろいろあるかも	・校長先生がうれしそうに話す姿から，学校への思いと学校のよさを感じさせる
		⑤ひかり小学校の自慢を再度確認する	ひかり小学校の自慢はいろいろ出たけど，何だったのでしょうか？ ・大きなくすの木 ・優しい子供たち ・広い校庭 ・おいしい給食	・ひかり小学校の自慢を再度確認し，木・子供・校庭・給食などさまざまな視点での自慢があることに気付かせる
		⑥今の話から，自分たちの学校の自慢をしたいところを話し合う。「道徳ノート」にその理由も記入させる	私たちの学校で自慢したいところはどこですか？ 理由も言ってください。 ・遊び場がたくさんあること（いっぱい遊べるから） ・給食がおいしい（いっぱい食べて健康になるから） ・子供たちが優しい（仲良くなれてお話しできるから） ・花がいっぱい咲いているところ（きれいで学校が楽しくなるから） ・横断歩道で朝と帰りにおじいさんが安全に渡らしてくれるところ	・「道徳ノート」に学校の自慢をたくさん発表させ，学校にはさまざまな自慢できるところがあることに気付かせる ・さらにその理由から学校や周りの人を大切にしようとする気持ちを育てる
終末		⑦ゲストティーチャーの校長先生の話を聞く	・校長先生から学校の自慢や願いを聞き，その感想を「道徳ノート」に書く ・感想を発表する	・校長先生の学校自慢とその願いを知らせ，学校や子供たち，周りの人たちを敬愛しようとする姿勢を培う ・「道徳ノート」に感想や学校の自慢で考えたことをまとめさせ，発表させる

挙手・発表
学校という生活の場のよさを発表できたか

挙手・発言
けんたさんたちの思いつかなかった気持ちを考えられたか

挙手・発言
けんたさんたちの気持ちを感じることができたか

挙手・発言
ひかり小学校の自慢できることがさまざまな視点から捉えられていることに気付けたか

道徳ノート
自分の学校の自慢を見つけられたか。その理由の中にそのよさを感じ，大切にしたいという思いが感じられたか

聞く・道徳ノート
校長先生の話から，学校生活を楽しくしようする気持ちを察することができたか

C-14 よりよい学校生活，集団生活の充実

先生を敬愛し，学校の人々に親しんで，学級や学校の生活を楽しくすること。

> **評価のためのキーワード**
> ①学校のよさ（自慢できるところ）に気付けた
> ②学校のよさ（自慢できるところ）について理由を考えて表現できた
> ③学校や学校の人々を大切にしようとする姿勢が見られた
> ④学校や学級で楽しく生活しようとする意欲が高まった

自分の学校自慢を数多く探して，学校を大切にし，学校や学級での生活を楽しく過ごそうとする態度を培うことが大事ですね。

道徳ノートの評価文例

👍 学校のじまんできるところをたくさん見つけることができましたね。やさしいお友だちがたくさんいることもじまんできることに気がつき，これからも楽しく生活しようと考えたのはよいことですね。

📣 自分の学校のじまんできるところにたくさん気づきましたね。これからも友だちや先生といっしょにじまんできるところを多くして，楽しい学校にしていきましょう。

● 道徳科の授業に熱心に取り組んでいます。教材「ひかり小学校のじまんはね」で，積極的に発表することはできましたが，もっと友達の意見に耳を傾けられるとよいです。

：よさを認め励ます観点からの評価にしたい。

通知表の評価文例

教材をしっかり理解し発言することができています。特に，教材「ひかり小学校のじまんはね」で，自分の学校の自慢できるところをさまざまな視点から考え，発言することができました。

いつも友達の意見を聞きなから，自分の考えと比べて発表しています。特に，教材「ひかり小学校のじまんはね」では，学校の自慢できるところを，友達の意見に賛成したり，その他の自慢できるところを積極的に発表したりしていました。

教材「ひかり小学校のじまんはね」の授業では，学校の自慢できるところを探し，学校をもっと楽しくしようとする意見を出すなど，道徳科のどの授業でも前向きで全体を考えた発言が見られました。

指導要録の評価文例

さまざまな視点から考え，自分の考えを発表することができている。学校生活に関わる学習では，自校の自慢できるところを探し出し，学校は楽しく生活するところと表現していた。

前向きな発言が多く見られた。「よりよい学校生活」の学習では自慢できるところをたくさん見つけ，みんなで自慢できる楽しい学校にしていきたいとの発言が見られた。

対象学年 小学2年生　主題名　内容項目：C-15　伝統と文化の尊重，国や郷土を愛する態度

15 愛する私たちの町

教材　ながい　ながい　つうがくろ

授業のねらい

　自分が生まれ育った町は，人生を送る上で心のよりどころになる大きな役割を果たすものである。郷土でのさまざまな体験など積極的で主体的な関わりを通して，郷土を愛する心が育まれていく。本授業では，友達と遊ぶ広場や公園，通学路，家族と行く施設や店など，身近で親しみのある町についてのよさに気付き，愛着を深めていきたい。

　本教材の「ながい　ながい　つうがくろ」には，登下校を通して，地域の方々と挨拶をしたり，交通整理をしてもらったりする温かい関わりや，四季を感じさせる自然に囲まれている様子が描かれている。教材に登場する「ぼく」に感化を受けた後，今度は自分の町のよさについて考え，親しみをもつようにしたい。

授業づくりのポイント

準備するもの
・場面絵
・ニセアカシアとびわの写真
・ホワイトボード

　本授業は，生活科の単元である「まちたんけん」とタイアップすると効果的である。導入で町探検したことを想起させることで，学習に関心をもつことができる。教材に出てくるニセアカシア，びわについては，写真等で見せて補足をする。教材を通して地域の自然や施設だけでなく，地域の人との関わりにも着目させてから，自分の町のよさについて考えさせたい。

本教材の評価のポイント

①児童の学習に関わる自己評価
　・自分の町のよさに気付くことができたか。
　・自分の町をこれからも大切にしたいと思うことができたか。

②教師のための授業の振り返りの評価
　・生活科等と関連付けて，児童の住む町に関心をもたせることができたか。
　・地域の自然や施設だけでなく，地域の人の関わりにも着目させることができたか。

実践例

		学習活動	発問と予想される児童の反応	指導上の留意点
	導入	①生活科で「まちたんけん」に行ったことを想起する	「まちたんけん」で見つけたよかったところはどこですか？ ・公園，スーパーマーケット，公民館，図書館，交番，みどりの広場，遊歩道，きれいな川，コンビニ	・生活科の「まちたんけん」で体験したことを想起しやすくするために，その時の写真等を掲示しておく ・どんなところがよかったのか理由を聴き，学習後半の「町のよさ自慢」と比較したい
	展開	②教材を読んで話し合う ・通学路の行き帰りでの「ぼく」の楽しいことを「道徳ノート」に書く ・全体で共有する	通学路の行きや帰りでの「ぼく」の楽しみは，何でしょうか？ ・おじちゃんたちとのあいさつ ・近所の林さんに会うこと ・公園のベンチでひと休み ・春のニセアカシア ・夏のびわの実 ・秋に落ち葉を踏んで走る ・冬のはだかの木 （分けて書いている板書を見て） ・左と右に分けて黒板に書いているよ ・あっ，左は人についてで，右は，自然や公園についてだ	・板書する際，自然や施設と人との触れ合いを分けて書くことで，児童に疑問をもたせる ・疑問を抱いたことについて考えるように声を掛け，町のよさには，人との関わりも入ることに気付くようにする
		③自分の町について考える ・4人グループで，意見を出し合う ・グループごとに発表し合う ・導入時の町のよさと「町のよさ自慢」とを比較する	みんなの住む町のよさを自慢し合いましょう。 ・川がきれい ・通学路の途中にあるサクラ ・公園のブランコ，イチョウの木 ・広場の池 ・町の花壇の手入れをしてくれる人 ・私たちの町は，緑が多く，いろいろな鳥がいます。お祭りでは，みんなでおみこしを担いだり，地域の人に教えてもらったおはやしを発表したりして楽しいです はじめの意見と「町のよさ自慢」を比べてみましょう。 ・「町のよさ自慢」の方がたくさんあるね ・みんなで一緒に考えたからだね	・机間指導をして，多様な意見が出ているか，聞く ・意見が偏っていたら，板書を分けて書いたことを助言する ・ホワイトボードを各グループに配り，グループで出し合った意見を書くようにする ・各グループで書いたホワイトボードを前面に貼り，導入の板書と比較する
	終末	④今日学んだことや気付いたことを「道徳ノート」に書く	今日，学んだことや気付いたことを「道徳ノート」に書きましょう。	・机間指導をして，全体で共有したい気付きを見取り，発表を促す

発言
生活科で学習したことと関連づけて，町のよかったところに関心をもったか

道徳ノート・発表
意見を出し合いながら，板書のグループ分けに気付き，考えることができたか

グループトーク・発表
相手の意見を聞き，視野が広がったか。多角的に町のよさに気付けたか

発言
町のよさについて，幅広く出し合ったことに気付けたか

道徳ノート
自分の町に親しみをもち，これからの町について考えることができたか

C-15 伝統と文化の尊重，国や郷土を愛する態度

我が国や郷土の文化と生活に親しみ，愛着をもつこと。

評価のためのキーワード
①自分の町のよさに気付く
②地域の人との関わりを大切に思う気持ち
③自分の町に愛着をもつ
④自分の町をこれからも大切にしたいと思う気持ち

自分の生まれ育った町のよさに気付くために，体験活動と関連づけて学習に取り組みたいですね。地域の方との関わりも積極的に取り入れて，郷土を愛する心情を育みたいですね。

道徳ノートの評価文例

👍 町のよさをたくさん見つけましたね。町の花だんの手入れをしている人に気づけて，すばらしいですね。

📢 町のおまつりは，みんなが力を合わせてつくっていますね。おはやしのれんしゅう，がんばりましょうね。

● 郷土を愛する道徳的心情が育ってきました。

なぜ❓NG：内面的資質である道徳的心情が，1時間の学習において育ったかは容易に判断ができないから。

● 町のよさについて，学級の中で一番多く見つけることができました。

なぜ❓NG：評価は，他の児童と比較するものではないから。

通知表の評価文例

郷土を愛する態度を育てる学習では，よく遊ぶ公園について遊具やイチョウの木が気に入っていることを発言しました。いつまでも公園がきれいであるように，子供会で行う清掃活動を頑張りたいと思うことができました。

郷土を愛する態度を育てる学習では，町のよさについて気付くことができました。自然や施設に恵まれていることだけでなく，地域の方々との関わりも町のよいところであることも分かり，これからも地域の人に元気よく挨拶をしたいと意欲をもちました。

町のよさについての学習をしたことで，生まれ育った町に愛着をもちました。また，地域で行われている祭りを大切にしていくことも郷土愛につながることに気付きました。そのために，自分は何ができるのか，懸命に考えました。

指導要録の評価文例

国や郷土を愛する学習を通して，自身が生まれ育った町の素晴らしさに気付き，親しみをもつことができた。

郷土のよさは自然や文化だけではなく，地域の人の温かさにもあることに気付き，多角的に捉えることができた。

対象学年 小学1年生

内容項目：C−16 国際理解，国際親善

主題名
16 他国の友達となかよく

教材 ぼくと　シャオミン

 授業のねらい

　グローバル化が進む今日，国際理解や国際親善は重要な課題である。これらの課題に対応できるようにするためには，他国の文化に対する理解とこれらを尊重する態度を育てる必要がある。それぞれの国には独自の伝統と文化がある。それを理解できるようにすることが大切である。1学年の児童は，発達段階から他国の人々や他国の文化に親しむ経験が多くないと思われる。そこで，本授業では身近な物で親しみやすさを工夫し，関心をもたせたい。

　本教材の「ぼくと　シャオミン」は，児童の等身大である「たろう」と一つ年下の中国人「シャオミン」が登場する。言葉の壁はあるものの，お互いの好きな食べ物や得意なことを尊重し，仲良く遊ぶ様子が描かれている。言葉や好きなものが違うのに，なぜ二人は仲良しなのかを考えさせ，互いの国のよさに気付かせたい。

 授業づくりのポイント

準備するもの
・さまざまな国の食べ物や遊びの写真
・登場人物のイラスト
・(実物の)さんざしやティージェンズの道具

　他国の人々と関わったり，文化に触れたりした経験は多くはないことから，児童の関心が高い他国の食べ物や遊びについての写真を導入で提示して，学習意欲をもたせたい。

　互いの違いや認め合うことのよさに気付いた後，授業の終末に他の国から転入生が来たらどんなことをしてみたいかを発問する。ここで他国のことを聞く，日本のことを教える，一緒に遊ぶなどを考えることで国際理解，国際親善に迫るようにする。

 本教材の評価のポイント

①児童の学習に関わる自己評価

　・他国の異なる文化や遊びのよさに気付けたか。

　・他国の人や文化に親しもうとする気持ちが高まったか。

②教師のための授業の振り返りの評価

　・国際理解につながるような児童の関心を高める教材の活用ができたか。

　・他国の文化や遊びに親しみをもつ活動を取り入れ，児童の発言や表情を見取れたか。

実践例

		学習活動	発問と予想される児童の反応	指導上の留意点
導入		①各国の食べ物や遊びの写真を見て,話し合う (例)食べ物:ワッフル,月餅,ボーロレイ,ティラミス,メープルタフィー 遊び:クッグ,カバディ,ペタンク,バンブーダンス,サルバなど	これらの写真を見て,どのように思いますか? ・おいしそう ・見たことある ・初めて見た ・食べたい ・おもしろそう ・変わった名前 ・やってみたい	・児童が関心をもつような世界の食べ物や遊びの写真を準備する ・生活科などと関連付けて学習すると効果的である
展開		②教材を読んで話し合う ・4人グループでさんざしやティージェンズで使う道具を見て,グループで意見交換する	シャオミンの好きな食べ物や得意なことについて,あなたはどんなことを思いましたか? ・「さんざし」って初めて見たよ ・食べてみたいな ・ティージェンズは難しそうだね ・シャオミンくんは,上手だね ・一緒に遊びたいな	・自分事(自我関与)として考える発問にして問い掛ける ・さんざしやティージェンズで使う道具を実際に見たり体験したりして,児童が関心をもつようにする
		③さらに深める ・「道徳ノート」に書き,全体で共有する	たろうとシャオミンは,なぜ,仲良しなのでしょうか? ・言葉を教え合って,分かるようになったから ・好きな食べ物を交換しておいしかったから ・一緒に遊んでいるから ・お互いのことが好きだから ・違う方がおもしろいし,楽しいから	・言葉も好きなものも得意なことも違う二人が,なぜ仲良しなのかを考えるようにする ・違いを認め合うことのよさや大切さに気付くようにする
終末		④他の国から転入生が来たら,してみたいことを発表する ・「道徳ノート」に書き,全体で共有する	他の国から転入生が来たら,どんなことをしてみたいですか? ・その国のことを聞きたい ・日本のことを教えたい ・学校を案内したい ・一緒に遊びたい	・他の国の人だからこその相手のよさや相手の困り感に寄り添えるように声を掛ける ・机間指導をして,全体で共有したい意見を指名計画として生かす

発言
世界の食べ物や遊びに関心をもち,日本にはないものがあること気付いたか

グループトーク・発表
自分事として,シャオミンに言いたいことを考えているか

道徳ノート・発表
二人の関係から他の国の人との違いを認めることのよさについて気付いたか

道徳ノート・発表
他国の人のよさや自分は相手に何ができるかについて,考えることができたか

C-16 国際理解,国際親善

他国の人々や文化に親しむこと。

評価のためのキーワード
①他国の人々に親しみをもつ
②異なる文化のよさに気付く
③さらに他国を知ろうとする
④日本のよさを伝えようとする

国際理解を促すために,児童が関心をもつ身近な文化や遊びを取り上げることが大切です。「違いのよさ」に気付き,他国の人々や文化に親しみをもたせたいですね。

道徳ノートの評価文例

👍 ほかのくにのたべものを見て,「おいしそう,たべてみたい」とはなしていたのが,とてもすてきでしたよ。

📢 ことばがつうじないのは,しんぱいなことですね。えがおでいっしょにあそぶゆうきをもってみましょう。

通知表 NG 文例

● 授業を通して,日本人の自覚や国際理解の心をもつことができました。

 なぜ❓NG：日本人の自覚や国際理解について,１学年の発達段階では評価が困難だから。

● 他国の文化は素晴らしいと思う道徳的心情が育ちました。

 なぜ❓NG：道徳的心情が授業で育ったかは評価できないから。

通知表の評価文例

教材「ぼくと　シャオミン」の学習では，他国の食べ物や遊びに関心をもちました。学習中に「どんな味だろう」「その遊びやってみたい」など，他国の文化を肯定的に受け入れる発言をしていました。

教材「ぼくと　シャオミン」の学習で，二人は言葉や好きな食べ物，遊びが異なるのに，なぜ仲良しなのかについて懸命に考えました。その後「きっと相手のことが好きなんだ」と「道徳ノート」に書いていました。

初めは，言葉が通じない他国の人と一緒に遊べるか不安に思っていましたが，相手の「よさや違い」を認めることが，仲良しになることにつながると話し合い活動から分かり，他国の人と積極的に関わりたいと思うことができました。

指導要録の評価文例

国際理解の学習を通して，自国他国の文化や遊びの違いとそのよさに気付き，他国についてもっと知りたいと考えるようになった。

国際親善の学習では，他国の人々と「遊び」や「食」を通して積極的に交流し，友達をつくりたいと発言していた。

対象学年 小学1年生
内容項目：D−17　生命の尊さ
主題名
17 生まれてきた命
教材　ハムスターの　あかちゃん

授業のねらい

　生命の尊さについて考えを深める際，家族や社会的な関わりの中や自然の中での生命，さらには，生死や生き方に関わる生命の尊厳など，さまざまな側面からのアプローチがある。
　本教材では，生まれたばかりで毛が生えてなく，目も開いていないハムスターの赤ちゃんが，小さいながらも懸命に生きて成長する様子と，母親が大事に育てていく様子が描かれている。授業では，生まれてきた命を取り上げ，元気に育つよう応援する気持ちをもたせたい。それと同時に，生きる素晴らしさを知り，かけがえのない命を大切にする態度を育てていきたい。

授業づくりのポイント

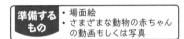

準備するもの
・場面絵
・さまざまな動物の赤ちゃんの動画もしくは写真

　児童の実態として，動物を飼ったり，触れ合ったりした経験に個人差があることが考えられる。そのため，校外学習等での動物と触れ合う体験とタイアップすることが望ましい。また，導入時にハムスターの赤ちゃんの写真や動画を活用することも効果的である。
　教材は，生まれたばかりのハムスターと母親の様子と，生まれて10日経ったハムスターと母親の様子が描かれている。一生懸命に生きようとする赤ちゃんと，一生懸命育てる母親の絆を捉え，親子の両面の立場から考えさせたい。また，児童に「応援メッセージ」を考えさせて，生まれてきた命を大切にする心につなげる。

本教材の評価のポイント

①児童の学習に関わる自己評価
　・ハムスターの赤ちゃんは，小さくても一生懸命に生きようとしていることに気付けたか。
　・ハムスターの赤ちゃんを応援することができたか。

②教師のための授業の振り返りの評価
　・ねらいに迫るため，実体験や写真，動画を活用して，生命について考える手立てを工夫したか。
　・ハムスターの赤ちゃん側だけではなく，母親側から見るなど，多面的な見方をする工夫をしたか。
　・児童がハムスターの赤ちゃんの命や成長を応援する発言を大事にして受け止めたか。

○ 実践例

		学習活動	発問と予想される児童の反応	指導上の留意点
導入		①動物と触れ合った時のことを想起する	この間の校外学習で、どんな動物と触れ合いましたか？ 触れてどうでしたか？ ・動物：ウサギ、モルモット、ひよこ ・どうだった‥かわいかった 　　　　　　・毛がフワフワしてた 　　　　　　・温かった	・校外学習で体験したことを想起しやすくするために、その時の写真を提示する ・教材に感情移入しやすくするために、動画を活用する
		②ハムスターの赤ちゃんの動画を見て、感想を出し合う	ハムスターの赤ちゃんを見て、どう思いましたか？ ・とても小さい ・動いている ・毛が生えていない	
展開		③教材を読み、ハムスターに語り掛ける ・4人グループで、3つの場面絵を見ながら、ハムスターに言葉を掛け合う ・全体で共有する	ハムスターにどんな言葉を掛けたいですか？ 【生まれて間もないハムスターとお母さん】 赤ちゃん：・早く大きくなって。 　　　　　・目が開くといいね 　　　　　・たくさん、おっぱいを飲んでね お母さん：・お母さんがんばって 　　　　　・たくさん、おっぱいを飲ませてね 【お母さんが赤ちゃんを口にくわえているところ】 赤ちゃん：・お母さんに守られて安心だね お母さん：・そおっとくわえて、やさしいな 【生まれてから10日後のハムスターとお母さん】 赤ちゃん：・大きくなったね。毛が生えたね 　　　　　・背中の模様が違っていいね お母さん：・大きくなって安心だね。お母さんえらい	・児童によって関心をもつ場面は、さまざまである ・一つ一つ場面を追うことをしないで、児童が言葉を掛けたいところから自由に話してよいことを伝える ・ハムスターの赤ちゃんだけでなく、お母さんの方にも言葉を掛けるように促す
		④これからのハムスターの赤ちゃんやお母さんに語り掛ける	これから大きくなる赤ちゃんやお母さんに、メッセージを送りましょう。 ・もっと大きくなってね ・お母さん、これからもしっかり育ててね ・赤ちゃん、みんなが元気に育ってね ・みんなで仲良く過ごしてね ・大きくなって、たくさん遊べるといいね	・これからの成長を応援するよう、赤ちゃんとお母さんの両面からメッセージを考えるように声を掛ける
終末		⑤さまざまな生き物の赤ちゃんの動画や写真を見る ・ツバメ、カルガモ、イヌ、ネコ、パンダなどの動画や写真を見ながら発言する	いろいろな生き物の赤ちゃんには、どんなことを言いたいですか？見ながら言葉を掛けましょう。 ・しっかり飛べるようになってね ・みんな元気に育ってね ・お母さんと、はぐれないでね ・大きくなって、立派なおとなになってね	・発達段階を考えて、書く活動が多くならないように配慮する ・ハムスターだけでなく、さまざまな動物にも大切な命があることに気付くようにする

【発言】
ハムスターの赤ちゃんに関心をもち、小さくても懸命に生きていることに気付けたか

【グループトーク・発表】
ハムスターの成長を願って、言葉を掛けることができたか。
グループの人の意見を聞くことができたか

【道徳ノート・発表】
赤ちゃんの成長を願うお母さんの気持ちや、お母さんは、子供の命のためになくてはならない存在であることに気付いたか

【発言】
さまざまな生き物の命について考えたか

D-17 生命の尊さ

生きることのすばらしさを知り，生命を大切にすること。

評価のためのキーワード
①小さな動物にも命がある
②生まれてきた命を応援する，見守る気持ち
③成長を喜ぶ，応援する
④かけがえのない命を守り，育てる存在

どんなに小さい動物でも，赤ちゃんやお母さんが懸命に命を育む素晴らしさを感じ取り，自ずとハムスターに声掛けしたくなる環境を整えたいですね。

道徳ノートの評価文例

👍 ハムスターの赤ちゃんが，がんばって生きるようすにせいいっぱいのおうえんができて，すばらしかったですよ。

🔦 おかあさんハムスターも赤ちゃんのためにがんばっていますね。これからもあたたかく見まもりましょう。

 **通知表 NG文例**

● 他の児童よりも多く，ハムスターの赤ちゃんを応援していました。

　なぜ❓NG：他の児童と比較するものではないから。

● 小さな生き物にも命があり，大切にしたいという道徳的実践意欲が育ちました。

　なぜ❓NG：内面的資質である道徳的実践意欲が，授業で育ったかは容易に評価できないから。

通知表の評価文例

小動物に対してかわいいと思う気持ちをもっていましたが，さらに教材「ハムスターのあかちゃん」の学習では，生まれてきた命の小ささに驚き，無事に育つよう熱心に応援していました。また，動物の成長を見守ることも大切であることにも気付きました。

教材「ハムスターの　あかちゃん」の学習を通して，ハムスターのお母さんは，赤ちゃんを口にくわえて運ぶことを知り，痛くないようくわえることに感心していました。ハムスターの赤ちゃんの命は，お母さんによって守られていることに気付きました。

教材「ハムスターの　あかちゃん」の学習では，生まれた時のハムスターの赤ちゃんは，毛が生えていなかったのが，成長すると毛が生えて，背中の模様にそれぞれ違いがあることに気付き，一匹一匹に大事な命があると発言しました。

指導要録の評価文例

「生命の尊さ」の学習では，小さな生物にもすばらしい命があることに気付き，今後の成長を願う気持ちを発表していた。

誕生した命は，懸命に生きる側と育てる側の両者から成り立っていることを理解し，大切にしたいと述べていた。

| 対象学年 | 内容項目：D－18 **自然愛護** |
| 小学1年生 | 主題名 |

18 生きものに やさしく

教材 ぼくの あさがお

 授業のねらい

　自分たちを取り巻く自然環境を大切にしたり，動植物を愛護したりすることに関する内容項目である。

　古来，日本人は自然から受けるさまざまな恩恵に感謝し，自然と融和を図りながら生活を考えてきた。しかし，近年，科学の進歩とともに，そうではなくなってきたことも多い。

　1年生の段階では，まず自然の中で楽しく遊んだり，動物や植物と直接に触れ合ったりすることを大事にしていきたい。そして，この段階から，自然を大切にすることを感じ取らせることが大切と思われる。まずは，身近な動植物をかわいがるという気持ちを育てたい。

 授業づくりのポイント

| 準備するもの | ・挿絵
・動植物の写真 |

　動物や植物をかわいがるという気持ちはあっても，ついえさをあげ過ぎたり，水をあげ過ぎたり，あるいは世話を忘れてしまうこともある。それらの経験を考えさせながら，教材「ぼくの　あさがお」を使って話し合わせたい。

 本教材の評価のポイント

①児童の学習に関わる自己評価

　・植物の世話について，自分のこととして考えていたか。

　・動植物を大切にしようという気持ちが起きたか。

②教師のための授業の振り返りの評価

　・水やりを忘れた「ぼく」への自我関与から，自分との関わりで，植物の世話について考えさせることができたか。

　・植物だけではなく，動物も含めて生き物をかわいがろうという気持ちを起こさせることができたか。

実践例

		学習活動	発問と予想される児童の反応	指導上の留意点
	導入	①問題を把握する ・動物を飼ったり，植物を育てたりした体験を発表する	動物を飼ったり，植物を育てたりした時，失敗したことはありますか？ ・金魚を飼った時に，えさをやり過ぎて弱らせてしまった ・お花に水をやるのを忘れて，枯らしてしまった 生き物に優しくするとか，かわいがるということはどういうことでしょうか？　今日は，これについて考えることにしましょう。	・動物を飼ったり，植物を育てた時に失敗した経験を思い出し，優しくしたり，かわいがったりすることはどういうことなのかという問題を把握する
	展開	②教材を読んで話し合う	元気のない朝顔を見て，「ぼく」はどんな気持ちになったでしょうか？ ・どうしたんだろう ・水やりを忘れたからかな ・病気にでもなったのかな ごめんねと朝顔に謝っている「ぼく」は，どんなことを考えていたでしょうか？ ・これから水をきちんとあげるからね ・元気になってくれるかな ・お世話をするのを忘れないよ どんな気持ちで「がんばれ　ぼくの　あさがお」と「ぼく」は言ったのでしょうか？ ・きれいな花を早くみたい ・水やりをきちんとしてあげてよかった ・これからは，お水をあげるのを忘れないよ	・挿絵を黒板の真ん中に貼り，それを基に教師が語り聞かせる ・水やりを忘れたことだけではなく，いろいろ意見を出させる ・朝顔のつぼみを見て，きれいな花が咲くのを楽しみにしている「ぼく」の気持ちを自分との関わりで考えさせる
		③今までの自分を振り返るとともに，これからどのような気持ちで生き物とつき合っていったらよいか，まず少人数で話し合い，その後全体で話し合う	動物や植物をかわいがっていた時に失敗した経験や，今日のお話を聞いて，どのようにかわいがっていったらよいと思いましたか？ ・動物の気持ちになって育てる ・お水をあげるのを忘れてはいけないし，多過ぎてもいけない ・むやみに捕まえてこない ・砂浜などでヤドカリを捕まえても，見るだけにして，逃がしてあげる	・みんなで話し合って動植物を大切にすることについて振り返る
	終末	④教師の話と映像を見ながら，今日の学習を振り返る	この写真を見てください。みんな，かわいいですね。そしてきれいなお花ですね。	・動物と植物の写真を映像で提示して，生き物を大切にしようという気持ちをもたせて終わる

発言
動植物をかわいがることについて，考えようとしているか

発言
朝顔の花を楽しみにしている「ぼく」の気持ちを，自分のこととして感じていたか

話し合い
今日の学習問題について，深く考えていたか

グループトーク・発表
今までの自分を振り返っていたか。友達の発表を自分の考えと比べながら聞いていたか

うなずき・表情
教師の話を聞きながら映像を真剣に見ているか

D-18 自然愛護

身近な自然に親しみ，動植物に優しい心で接すること。

評価のためのキーワード
① 動植物をかわいがる気持ちを大切にする
② 人間も動物の一つであることを感じる
③ 自然や動植物の不思議さ，生命の力を感じる
④ ただかわいがるのではなく，生き物の命を考え，動植物のことを考えて大事にする

動植物をただかわいがるのではなく，人間と同じに自然の中で生きている物であること，いろいろ不思議なことがあること，生きているすばらしさを感じることが大事ですね。

道徳ノートの評価文例

 みのまわりの生きものをだいじにしていることが，よくかけていますね。

 どうぶつをかっていたり，しょくぶつをそだてていたりすると，しっぱいすることもあります。なぜしっぱいしたのか，そのとき，どんな気もちだったのかがよくかけていますね。

● 教材「ぼくの あさがお」の学習をきっかけに，飼育係としてメダカの世話をより一生懸命に取り組みました。

　　なぜ❓NG：道徳の授業における学習状況の見取りではなくなっているから。

通知表の評価文例

「自然愛護」の学習では，捕まえてかわいがるのではなく，捕まえないで観察したり，捕まえて観察してもすぐ逃がしてあげることのよさを感じていました。

教材「ぼくの あさがお」では，主人公の「ぼく」になった気持ちで，自分も失敗したことがあることを思い出して，よく考えていました。

動植物をかわいがることについて，友達の話をよく聞き，いろいろなかわいがり方や，大切にする仕方があることを考えていました。

指導要録の評価文例

1学期より2学期になって，物事を多面的・多角的に見られるようになった。

特に，「自然愛護」の授業では，動物や植物を大切にするということはどういうことなのかを多面的に考えていた。

対象学年
小学2年生

主題名
内容項目：D－19 感動，畏敬の念

19 うつくしい心

教材 七つの　ほし

 ## 授業のねらい

　美しいものや崇高なもの，人間の力を超えたものとの関わりにおいて，それらに感動する心や畏敬の念をもつことに関する内容項目である。
　２年生の段階では，美しいものや感動するものに対する素直な気持ちを大切にしていきたい。そして，ものだけではなく，人の心の美しさも感じさせたい。
　本教材は，ひしゃく星（北斗七星）の七つの星のいわれの物語である。空に輝く美しい北斗七星，それが生まれたのは，それぞれの人の優しさ，思いやりなど美しい心が星になったということを通して，いろいろな場面での人の心の美しさを感じ取らせて，美しいものを大事にしようという心と，美しいのはものだけでなく，人の心や行いであることも感じ取らせたい。

 ## 授業づくりのポイント

準備するもの
・紙芝居
・大きな絵本など

　この教材を生かすポイントは，教材提示である。紙芝居，大きな絵本，パネルシアター，黒板シアター，一人芝居などいろいろな方法がある。児童の実態と教師の持ち味を生かして，最高の教材提示をしてほしい。
　教材の感動的な活用をして，美しい話に浸らせ，自分の心が響いたところを話し合わせる。さらに，女の子に自我関与させて，水を飲みたい時もあったけれど，我慢した美しさ，それがひしゃくを変えていったことを感じ取らせたい。

 ## 本教材の評価のポイント

①児童の学習に関わる自己評価

・教材に浸り，児童自身がその世界に入っていったか。
・ひしゃくが次々と変わっていったのはなぜか，感じていたか。

②教師のための授業の振り返りの評価

・美しいものをいろいろ出させることができたか。
・心の美しさにも触れることができたか。

実践例

		学習活動	発問と予想される児童の反応	指導上の留意点
発言 自分でしっかり発言したり，友達の発言にも注意を向けていたりするか	導入	①美しいものについて発表する	美しいものには，どんなものがありますか？ ・お星様 ・虹 ・お花	・美しいと感じるものについて，いろいろ意見を出させて，ねらいとする価値についての問題意識をもたせる
発言・挙手 自分が心を動かされたところを自覚しているか	展開	②教材「七つのほし」を読んで話し合う	一番いいなあと思ったところは，どこですか？ ・のどが渇いていて水を飲みたかったのに，女の子が我慢して，お母さんやお年寄りに水をあげようとしたところ ・お母さんは病気で寝ていて，とっても水が飲みたかったのに，女の子に譲ったところ ・優しい心になるたびに，どんどんひしゃくが美しくなったところ	・大きな絵本を使って，語り聞かせる ・一番感動したところを発表させる。発表しない子には，自分が感動した場面のところで手を挙げさせる
挙手・発言 自分との関わりで話しているか			なぜ，そこがいいなあと思ったのですか？ ・お母さんも，女の子もとても優しいから ・僕だったら，たぶん水を飲んでしまうと思うから ・みんなの心がよかったとき，ひしゃくがどんどん変わっていって，お星様になったから	・なぜ感動したのかを自覚させる ・理由を多面的・多角的に分類整理して板書する
			木のひしゃくが銀になり，金になり，そしてダイヤモンドになってお星様になったのは，なぜでしょうか？ ・みんなの心が優しかったから ・心が美しいのとお星様が美しいのと同じだから ・女の子がとっても我慢したから	・金やダイヤモンド，お星様のように美しいものはいろいろあるけれど，それだけではないことを感じ取らせる
挙手・発言 物の美しさだけでなくほかにも美しいものがあることを感じているか		③美しい心に出合った経験を発表する	初めに発表してもらった，星や虹のようなものだけではなく，美しいなと感じたり，心がジーンとしたことはありますか？ ・テレビで人を助けるニュースを見て ・絵本を読んでいて感じたことがある ・友達にとても優しくしている友達のことを考えた	
目の輝き・うなずき 教師の話を自分のこととしてしっかり聞いているか	終末	④教師の説話でまとめる	七つの星は，お空に上がって，北斗七星と呼ばれるお星様になりました。ひしゃくの形に似ているので，ひしゃく星とも言われています。北の空に見えます。今度見てみましょう。 今日は，美しいものについて学びましたが，美しいなと感じるみなさんの心が美しいです。	

D-19 感動，畏敬の念

美しいものに触れ，すがすがしい心をもつこと。

評価のためのキーワード
①美しいものにはいろいろある
②美しいものに触れると，心がすがすがしくなる
③美しいものを大切にしたいと思う
④美しいものを美しいと感じる心が美しい

美しいと感じるものにはいろいろあります。素直に感じましょう。その時のすがすがしさを大切にしましょう。美しいと思うものを感じるあなたの心が美しいのです。

道徳ノートの評価文例

👍 うつくしいとかんじたものはたくさんありますね。たくさん書いてすばらしいですね。

📣 心のうつくしさで，ひしゃくの色がどんどんかわっていったことに気づきましたね。

●「七つの ほし」の授業では，誰よりも女の子の心を理解していました。

なぜ❓NG：道徳科の評価は，個人内評価であるので，他と比べてはいけないから。

●「七つの ほし」の授業では，美しい心に感動する心が育ってきました。

なぜ❓NG：授業で道徳的心情が育ったか容易に判断できない。

通知表の評価文例

教材「七つの ほし」の授業では,大きな絵本での教材提示を食い入るように見て,自分の世界に入っていました。

「美しいもの」にかかわる授業では,1学期と2学期では,感じ方がずいぶん広まり,また深く考えるようにもなってきました。

学期初めは,自分の考えを発表するだけでいっぱいでしたが,学期の終わり頃になって,友達の意見をよく聞いて自分と比較するようになりました。特に,教材「七つの ほし」の授業では,女の子に対する思いはいろいろあるんだなと感じていました。

指導要録の評価文例

授業中,人の話をよく聞き,価値に対する理解とともに,他者理解をよくしている。

授業の中で,自分を見つめることが多くなり,特に「感動・畏敬の念」の学習では,振り返りで,美しいものを自分との関わりで考えていた。

95

編著者紹介

渡邉　満（わたなべ　みちる）

広島文化学園大学教授

1950年広島県生まれ。広島大学大学院教育学研究科博士課程修了。博士（教育学）。兵庫教育大学，岡山大学を経て2016年4月より現職。日本道徳教育方法学会・会長。東京書籍の道徳科教科書（小学校，中学校）の編集代表を務める。共著書は『中学校における「特別の教科　道徳」の実践』（2016年　北大路書房），『新教科「道徳」の理論と実践』（2017年　玉川大学出版部），『中学校「特別の教科　道徳」の授業プランと評価の文例』（2019年　時事通信社）等。

執筆者紹介

（五十音順　所属は執筆時）

石川庸子	埼玉県川口市立芝小学校校長（第1章）
粂　由利子	元横浜市立東希望が丘小学校校長（第2章：内容項目1・2・3・12）
小林沙友里	東京都大田区立雪谷小学校主任教諭（第2章：内容項目4）
柴内　靖	和洋女子大学全学教育センター特任教授（第2章：内容項目11・13・14）
田邉光子	聖徳大学通信教育部兼任講師（第2章：内容項目8・9・10）
土井　穂	元横浜市教育委員会指導主事（第2章：内容項目6・7）
長森由莉	東京都大田区立中富小学校主任教諭（第2章：内容項目5）
馬場喜久雄	元全国小学校道徳教育研究会会長（第2章：内容項目18・19）
村上悦子	植草学園大学発達教育学部講師（第2章：内容項目15・16・17）
渡邉　満	（第1章）

小学校「特別の教科　道徳」の授業プランと評価の文例【低学年】
道徳ノートと通知表所見はこう書く

2019年10月31日　初版発行

編著者	渡邉　満
発行者	武部　隆
発行所	株式会社時事通信出版局
発　売	株式会社時事通信社
	〒104-8178　東京都中央区銀座5-15-8
	電話 03（5565）2155　http://book.jiji.com

ブックデザイン／永山浩司＋花本浩一
カバー装画：高橋三千男
印刷・製本／中央精版印刷株式会社

ⓒ 2019　WATANABE, michiru
ISBN978-4-7887-1648-3 Printed in Japan
落丁・乱丁はお取り替えいたします。定価はカバーに表示してあります。
★本書のご感想をお寄せください。宛先は mbook@book.jiji.com